DISCLAIMER

The author and publisher are providing this book and its contents on an "as is" basis and make no representations or warranties of any kind with respect to this book or its contents. The author and publisher disclaim all such representations and warranties, including but not limited to warranties of merchantability. In addition, the author and publisher do not represent or warrant that the information accessible via this book is accurate, complete, or current.

Except as specifically stated in this book, neither the author nor publisher, nor any authors, contributors, or other representatives will be liable for damages arising out of or in connection with the use of this book. This is a comprehensive limitation of liability that applies to all damages of any kind, including (without limitation) compensatory; direct, indirect, or consequential damages; loss of data, income, or profit; loss of or damage to property; and claims of third parties.

BESTACTIVITYBOOKS.COM

FIRST EDITION - Published 2022

Extra Graphic Material From: www.freepik.com
Thanks to: Alekksall, Starline, Pch.vector, Rawpixel.com, Vectorpocket, Dgim-studio, Upklyak, Macrovector, Stockgiu, Pikisuperstar & Freepik.com Designers

GET
YOUR
BONUS
FREE
CODE: WSBONUS20

5 TIPS TO START!

1) HOW TO SOLVE

The Puzzles are in a Classic Format:

- Words are hidden without breaks (no spaces, dashes, ...)
- Orientation: Forward & Backward, Up & Down or in Diagonal (can be in both directions)
- Words can overlap or cross each other

2) ACTIVE LEARNING

To encourage learning actively, a space is provided next to each word to write down the translation. The **DICTIONARY** allows you to verify and expand your knowledge. You can look up and write down each translation, find the words in the Puzzle then add them to your vocabulary!

3) TAG YOUR WORDS

Have you tried using a tag system? For example, you could mark the words which have been difficult to find with a cross, the ones you loved with a star, new words with a triangle, rare words with a diamond and so on...

4) ORGANIZE YOUR LEARNING

We also offer a convenient **NOTEBOOK** at the end of this edition. Whether on vacation, travelling or at home, you can easily organize your new knowledge without needing a second notebook!

5) FINISHED?

Go to the bonus section: **MONSTER CHALLENGE** to find a free game offered at the end of this edition!

Want more fun and learning activities? It's **Fast and Simple!**
An entire Game Book Collection just **one click away!**

Find your next challenge at:

BestActivityBooks.com/MyNextWordSearch

Ready, Set... Go!

Did you know there are around 7,000 different languages in the world? Words are precious.

We love languages and have been working hard to make the highest quality books for you. Our ingredients?

A selection of indispensable learning themes, three big slices of fun, then we add a spoonful of difficult words and a pinch of rare ones. We serve them up with care and a maximum of delight so you can solve the best word games and have fun learning!

Your feedback is essential. You can be an active participant in the success of this book by leaving us a review. Tell us what you liked most in this edition!

Here is a short link which will take you to your order page.

BestBooksActivity.com/Review50

Thanks for your help and enjoy the Game!

Linguas Classics Team

1 - Antiques

ข	ล	ผ	ะ	ษ	ค	ง	ง	จ	เ	อ	น	อ	า	ช
ท	ญ	ภ	◌ิ	ค	◌่	ส	พ	า	ห	ม	◌ั	ส	ห	น
ฟ	า	ผ	ว	ด	า	ฉ	ก	ห	ร	พ	ก	ด	ธ	ย
ภ	ไ	ว	ข	ว	ป	ส	ด	ซ	◌ี	ส	ส	ป	ว	ถ
ถ	ก	ฟ	ม	ศ	ะ	ก	ต	ส	ย	ง	ะ	ร	จ	ม
ษ	พ	า	ภ	ณ	◌ุ	ค	ต	ก	ญ	◌่	ส	ะ	ฟ	ร
ร	ง	ค	ร	ป	ล	เ	ถ	◌ิ	แ	า	ม	ม	ฟ	◌ู
ร	ข	า	ร	ล	ผ	น	จ	ล	ด	ต	ย	◌ู	◌ู	ป
ว	ไ	ร	ไ	า	ง	◌้	ร	พ	ณ	ป	◌่	ล	น	แ
ศ	ต	ว	ร	ร	ษ	ท	ฟ	ต	ซ	ท	ก	ง	◌้	บ
ท	ศ	◌ิ	ล	ป	ะ	แ	◌ุ	บ	เ	ท	แ	ย	◌ี	บ
ม	แ	ไ	ร	◌์	อ	จ	เ	น	◌ิ	◌์	ร	อ	ฟ	เ
ป	ร	ะ	ต	◌ิ	ม	า	ก	ร	ร	ม	ญ	ถ	ร	ไ
ฟ	ต	ซ	ฝ	ญ	ธ	ท	ะ	ศ	ง	แ	ฉ	ธ	า	ห
ซ	ค	ผ	ฟ	แ	ญ	◌่	◌ี	ร	อ	ล	เ	ล	ก	แ

ศิลปะ
ประมูล
แท้
ศตวรรษ
เหรียญ
นักสะสม
ทศวรรษ
ตกแต่ง
สง่า
เฟอร์นิเจอร์
แกลเลอรี่
การลงทุน
แก่
ราคา
คุณภาพ
การฟื้นฟู
ประติมากรรม
รูปแบบ
ผิดปกติ
ค่า

2 - Food #1

ท	อ	ร	ค	แ	ก	ร	ะ	เ	ท	ี	ย	ม	น	ซ
เ	ู	อ	ง	ห	เ	ซ	ย	ะ	เ	ะ	ช	อ	้	ุ
ไ	ก	น	ธ	น	ก	ถ	ส	ล	ั	ด	เ	ห	ำ	ป
า	ด	ล	่	โ	ห	ร	ะ	พ	า	ม	บ	ว	ผ	แ
ข	ว	า	ื	า	า	ซ	ป	ท	ต	น	อ	ั	ล	อ
ถ	อ	ก	ง	อ	ภ	ช	ไ	ะ	ห	ซ	ห	ห	ไ	ป
ว	ศ	ส	บ	า	ร	์	เ	ล	่	ย	์	พ	ม	ร
ฟ	ฟ	ญ	ล	เ	ต	้	า	ห	ู	้	ถ	ล	้	ิ
ถ	ั	่	ว	ล	ิ	ส	ง	น	้	ำ	ต	า	ล	ค
ม	า	ะ	ว	ฟ	ถ	ต	เ	ซ	แ	จ	ว	ะ	ห	อ
ข	ะ	จ	น	ท	เ	ถ	ญ	ป	ท	ซ	ย	ก	ผ	ท
โ	ถ	น	ม	ค	จ	ภ	ส	ต	ซ	ม	ไ	ญ	น	ไ
ก	ข	ด	า	ก	ก	ผ	ั	ว	ั	ห	ศ	ร	ต	ภ
ั	ไ	ช	เ	ว	ท	บ	ต	ต	เ	ถ	ซ	ก	เ	แ
ผ	ค	พ	ะ	ะ	ล	ู	ก	แ	พ	ร	์	เ	ท	ศ

แอปริคอท
บาร์เล่ย์
โหระพา
แครอท
อบเชย
กระเทียม
น้ำผลไม้
มะนาว
นม
หัวหอม
ถั่วลิสง
ลูกแพร์
สลัด
เกลือ
ซุป
ผักโขม
น้ำตาล
เต้าหู้
ทูน่า
หัวผักกาด

3 - Measurements

ค ว า ม ก ว ้ า ง อ ณ ค แ ต ป
ไ ท บ น ง ก บ ป ร ว อ า ฝ ค จ
บ ศ ซ ค ธ ฉ เ ธ ถ ช ล น พ ง ก
ต น ว ป ม ท ณ จ พ น เ น ซ ธ ิ
์ ิ พ ซ อ ส พ ท ว อ ห ก อ ์ โ
ผ ย ง ย ส ี เ บ ั ด ะ ร ง ล ล
ว ม ล ต ช ท ห ร บ ป ไ ย ศ ฟ ก
ม แ ิ ด ั า ช พ บ ค ท ย า ก ร
ญ ษ ต า ส น ษ ข บ อ ค ม ฝ ก ั
ผ ง ร ต ม เ ิ ต น ซ เ ั ว ฟ ม
ก ิ โ ล เ ม ต ร ฟ ถ ย ร ้ ล ธ
ค ว า ม ส ุ ง ห ณ ค พ ก ิ ผ ง
เ ม ต ร ค ว า ม ย า ว ไ น ค ด
ภ ธ ผ ล ฉ อ น ้ ํา ห น ั ก ธ ะ
ค ว า ม ล ึ ก ภ ซ อ เ ไ ธ ฟ ต

ไบต์
เซนติเมตร
ทศนิยม
องศา
ความลึก
กรัม
ความสูง
นิ้ว
กิโลกรัม
กิโลเมตร

ความยาว
ลิตร
มวล
เมตร
นาที
ออนซ์
ตัน
ระดับเสียง
น้ำหนัก
ความกว้าง

4 - Farm #2

ท	ว	เ	ห	ษ	ซ	ล	ข	ล	◌ู	ก	แ	ก	ะ	ข
◌ุ	ร	แ	ป	บ	ถ	ไ	น	◌้	น	ป	ะ	ว	ด	◌้
◌่	ช	ก	ศ	◌็	ล	ว	ช	ม	า	ม	า	ล	จ	า
ง	ท	ผ	พ	ค	ด	ป	ว	ไ	ท	ว	ก	ธ	◌ั	ว
ห	ช	ไ	ะ	ธ	ห	ฟ	ผ	ล	ะ	ง	ส	ถ	ม	โ
ญ	แ	พ	ค	ญ	ด	ศ	น	ผ	ร	ย	ช	า	ไ	พ
◌้	ฟ	ก	◌ั	ผ	ณ	ณ	ม	บ	ป	ศ	า	อ	ล	ด
า	ค	ต	ะ	ร	ไ	ไ	ท	ว	ล	จ	ว	า	ผ	◌ี
บ	า	ร	◌์	เ	ล	◌่	ย	◌์	ช	ถ	น	ห	น	ซ
ร	ถ	แ	ท	ร	ก	เ	ต	อ	ร	◌์	า	า	ว	ฉ
ค	น	เ	ล	◌ี	◌้	ย	ง	แ	ก	ะ	น	ร	ส	ส
ย	บ	ย	บ	ต	ศ	ฟ	ไ	น	ห	◌ั	ง	◌ั	ก	◌ั
ไ	แ	ช	ช	บ	ล	ญ	ล	ร	แ	ไ	ร	ง	ซ	ต
ะ	ย	ไ	ศ	ฟ	ญ	ต	ว	น	ด	ย	โ	อ	ษ	ว
ข	ง	ม	ด	ง	ต	ค	ศ	ไ	น	น	ย	อ	ว	◌์

สัตว์
บาร์เล่ย์
โรงนา
ข้าวโพด
เป็ด
ชาวนา
อาหาร
ผลไม้
ชลประทาน
ลูกแกะ
ลามา
ทุ่งหญ้า
นม
สวนผลไม้
แกะ
คนเลี้ยงแกะ
รถแทรกเตอร์
ผัก
ข้าวสาลี
กังหัน

5 - Books

ญ	ด	ส	เ	ท	ณ	ซ	ข	ณ	ถ	ว	ย	ม	ป	ค
อ	ฟ	ะ	ต	◌ี	บ	ธ	ท	น	า	ร	ม	ห	ร	ว
ก	น	ว	ณ	◌่	ญ	◌ิ	ไ	ฟ	ธ	ร	ผ	า	ะ	า
า	า	า	ว	เ	ถ	ฟ	ร	ไ	ษ	ณ	◌ู	ก	ว	ม
ร	อ	ร	ถ	ก	ช	น	ล	บ	ล	ก	◌้	า	◌ั	เ
ผ	◌่	ง	ห	◌ี	ม	ท	ญ	น	ด	ร	เ	พ	ต	ป
จ	◌้	อ	ญ	◌่	ด	ไ	ต	ล	ก	ร	ข	ย	◌ิ	◌็
ญ	◌ู	◌่	ไ	ย	น	ไ	ข	น	ะ	ม	◌ี	◌์	ศ	น
ภ	ผ	◌ี	ไ	ว	น	ก	ล	อ	น	น	ย	ย	า	ค
◌ั	ถ	ร	ภ	ข	ย	◌ิ	ว	ณ	ฝ	ม	น	ผ	ส	◌ู
ย	ธ	เ	ภ	◌้	◌ี	ค	ย	บ	ท	ก	ว	◌ี	ต	◌่
ด	ษ	ม	า	อ	ข	ซ	ท	า	◌้	น	ห	ฟ	ร	อ
ไ	ข	ก	ถ	ง	เ	ง	า	ล	ย	ผ	ข	ท	◌์	ธ
น	จ	ก	ป	ร	ะ	ด	◌ิ	ษ	ฐ	◌์	ช	◌ุ	ด	ท
ซ	ผ	บ	ฉ	ก	ะ	ผ	◌ู	◌้	บ	ร	ร	ย	า	ย

การผจญภัย
ผู้เขียน
ชุด
บริบท
ความเป็นคู่
มหากาพย์
ประวัติศาสตร์
ตลก
ประดิษฐ์
วรรณกรรม
ผู้บรรยาย
นิยาย
หน้า
กลอน
บทกวี
ผู้อ่าน
ที่เกี่ยวข้อง
เรื่องราว
อนาถ
เขียน

6 - Meditation

ม	ญ	ป	ต	ว	ภ	พ	ไ	น	ค	ไ	ร	ค	ค	ร
ฝ	ุ	ธ	ธ	ไ	ด	ฉ	ป	ิ	ไ	อ	อ	ว	ว	ส
์	ณ	ม	ร	า	อ	ศ	น	ส	ฉ	จ	ช	า	า	ั
ด	ิ	ค	ม	า	ว	ค	ไ	ั	จ	ค	ส	ม	ม	น
ย	ะ	ป	บ	อ	า	า	ย	ย	ค	อ	ซ	เ	เ	ต
ญ	ศ	ค	ญ	ษ	ง	ต	ี	่	น	ช	พ	ง	ม	ิ
ธ	ร	ร	ม	ช	า	ต	ิ	ต	า	ป	บ	ี	ต	ภ
ก	บ	ไ	ป	จ	ไ	น	ส	ม	า	ว	ค	ย	ต	า
ว	ไ	ไ	ท	ะ	ม	จ	ช	ก	ศ	ท	า	บ	า	พ
ก	า	ร	เ	ค	ล	ี	่	อ	น	ไ	ห	ว	จ	ค
ซ	บ	า	ร	ก	า	ร	ย	อ	ม	ร	ั	บ	ิ	ษ
ค	ว	า	ม	ช	ั	ด	เ	จ	น	ฝ	น	ง	ต	ต
ห	า	ค	ว	า	ม	ก	ต	ั	ญ	ญ	ู	ส	ล	ค
ง	ป	ค	ษ	ห	ก	า	ร	ห	า	ย	ไ	จ	บ	ย
ร	ย	ถ	ะ	ศ	ร	ด	น	ต	ร	ี	ด	ไ	ค	ม

การยอมรับ
ความสนใจ
ตื่น
การหายใจ
สงบ
ความชัดเจน
อารมณ์
ความกตัญญู
นิสัย
ความเมตตา

จิต
ใจ
การเคลื่อนไหว
ดนตรี
ธรรมชาติ
สันติภาพ
มุมมอง
ความเงียบ
ความคิด

7 - Days and Months

ว ว ว ◌ั น พ ฤ ห ◌ั ส บ ด ◌ี ป จ
◌ั ◌ั แ เ ท ก ◌ุ ม ภ า พ ◌ั น ธ ◌์
น น ข ข ◌ิ ซ ม ค า น ◌ี ม เ ง ห
เ อ ย จ ◌ิ ต ซ ณ ค ช พ ค น บ ฉ
ส ◌ั ส บ ฏ ณ ร ภ อ ษ ส า ม ฝ ญ
า ง ศ ◌ั ป ล ท ภ ธ ษ ไ ฎ ค ช ช
ร ค ร ฝ ป ต พ ฤ ศ จ ◌ิ ก า ย น
◌์ า ◌์ ด ฉ ด ช ป ฉ ด ฉ ร ล ม ว
ง ร ท แ ม ค า ห ง ◌ิ ส ก ◌ุ ก ◌ั
ก ◌ั น ย า ย น ห ช อ ถ ล ต ร น
ผ ก จ แ จ ถ ง ะ ◌์ เ ะ ญ า า ศ
ถ เ ◌ั ย เ ม ษ า ย น ด ะ ซ ค ◌ุ
ว ◌ั น พ ◌ุ ธ ป น ก ช ธ ◌ี ฝ ม ก
เ ช ◌ั ม ญ บ พ ไ น ง ร จ อ ะ ร
ร ณ ว ว ◌ั น อ า ท ◌ิ ต ย ◌์ น ◌์

เมษายน
สิงหาคม
ปฏิทิน
กุมภาพันธ์
วันศุกร์
มกราคม
กรกฎาคม
มีนาคม
วันจันทร์
เดือน
พฤศจิกายน
ตุลาคม
วันเสาร์
กันยายน
วันอาทิตย์
วันพฤหัสบดี
วันอังคาร
วันพุธ
สัปดาห์
ปี

8 - Energy

ส	◌ิ	◌่	ง	แ	ว	ด	ล	◌้	อ	ม	◌ี	ไ	ม	เ
ณ	ผ	ค	น	ล	ก	◌ั	ง	ห	◌ั	น	ป	ค	ซ	ค
ล	า	ว	ง	อ	◌ิ	เ	ล	◌็	ก	ต	ร	อ	น	ร
ไ	อ	น	◌้	◌ำ	ไ	พ	ป	ผ	น	ข	ท	ผ	ป	◌ี
ณ	เ	อ	น	ห	เ	ฮ	เ	แ	ถ	ฉ	โ	เ	ป	◌่
ย	ใ	ต	ร	ธ	ค	ห	โ	อ	ะ	ค	น	ก	แ	อ
ก	ญ	ฟ	ท	ก	ข	ผ	ฟ	ด	◌้	ฟ	อ	ฉ	บ	ง
ข	ง	โ	ะ	ฝ	ธ	ฟ	ช	ษ	ร	◌ี	เ	แ	ต	ย
ค	ว	า	ม	ร	◌้	อ	น	ไ	ด	เ	ช	ฉ	เ	น
ค	า	ร	◌์	บ	อ	น	ท	ฟ	◌ี	ล	จ	เ	ต	ต
ไ	ช	แ	ซ	ร	ห	ม	แ	ฟ	เ	ม	พ	น	อ	◌์
ช	ง	ข	จ	ง	ญ	ล	ด	◌้	ซ	ป	ว	ผ	ร	ซ
ส	เ	ษ	า	ต	น	พ	ท	า	ล	ผ	อ	จ	◌ี	ล
น	ใ	า	ป	ล	ช	◌ิ	ฉ	น	ง	ฉ	พ	ศ	◌่	จ
ฉ	ฉ	ภ	น	ช	อ	ษ	า	ภ	ฟ	น	ไ	อ	ข	อ

แบตเตอรี่
คาร์บอน
ดีเซล
ไฟฟ้า
อิเล็กตรอน
เอนโทรปี
สิ่งแวดล้อม
เชื้อเพลิง
ความร้อน
ไฮโดรเจน
เครื่องยนต์
โฟตอน
มลพิษ
ทดแทน
ไอน้ำ
กังหัน
ลม

9 - Chess

ย	ผ	◌ู	◌้	เ	ล	◌่	น	ค	◌ู	◌่	แ	ข	◌่	ง
◌์	ห	ฉ	ฟ	ท	จ	ต	ศ	ฝ	ไ	ส	ธ	น	ด	เ
ร	◌ู	◌้	น	ย	◌ี	ร	เ	อ	ร	พ	ผ	ถ	ณ	ส
◌ิ	ะ	เ	◌ี	จ	บ	ธ	ไ	ซ	ง	ฟ	ท	ง	อ	◌้
ต	า	ษ	ว	า	ข	จ	ฟ	ด	ข	ซ	ป	เ	พ	น
◌ั	ข	ซ	ค	ะ	ภ	อ	ต	ค	ด	ซ	ค	ต	ญ	ท
ษ	ฉ	ง	ะ	ศ	ณ	ป	ฟ	ฉ	ะ	ซ	ว	ถ	ฉ	แ
ก	ล	ย	◌ุ	ท	ธ	◌์	ด	ค	บ	ข	า	ภ	ไ	ย
ล	ค	ส	ศ	◌ิ	ผ	แ	ส	ด	◌์	ป	ม	ช	แ	ง
ะ	ณ	ล	ง	◌ุ	ช	จ	◌ี	ค	เ	ษ	ท	ท	ล	ม
ค	ถ	า	ฉ	อ	ข	บ	ด	เ	อ	ศ	◌้	ธ	ร	◌ุ
พ	ะ	ถ	ฉ	ล	า	ด	◌ำ	ภ	ก	ญ	า	ช	ะ	ม
ย	น	แ	ม	ณ	ว	เ	ว	ล	า	ม	ท	ร	ป	ร
ก	ฎ	แ	น	ข	◌ั	ง	◌่	ข	แ	ร	า	ก	◌ู	ค
เ	ท	ด	ณ	น	ง	ท	พ	ญ	ผ	อ	ย	ห	ล	พ

สีดำ
ความท้าทาย
แชมป์
ฉลาด
เส้นทแยงมุม
เกม
กษัตริย์
คู่แข่ง
รู
ผู้เล่น
คะแนน
ควีน
กฎ
อุทิศ
กลยุทธ์
เวลา
เรียนรู้
การแข่งขัน
ขาว

10 - Archeology

ห	ท	น	ห	น	ป	ถ	ภ	ไ	ท	◌ี	ม	ก	ะ	น
บ	ห	น	า	ล	ห	ก	◌ู	ล	ผ	ก	◌ื	า	ส	◌ั
ค	ค	ต	ท	◌ิ	◌ุ	ถ	ษ	ด	ภ	ร	ล	ร	ม	ก
น	แ	ม	ษ	ซ	น	ม	ร	ท	ช	ะ	ไ	ว	◌ั	ว
ฟ	ผ	ฟ	ณ	ส	เ	พ	ฝ	า	ฟ	ด	ค	◌ิ	ย	◌ิ
ว	◌ั	ด	ท	อ	ะ	ไ	ว	◌ั	า	◌ู	ฝ	เ	โ	จ
ผ	า	น	ย	ฟ	บ	ศ	บ	ท	ง	ก	ร	ค	บ	◌ั
อ	า	ร	ย	ธ	ร	ร	ม	ต	ษ	ศ	เ	ร	ร	ย
ค	ว	า	ม	ล	◌ึ	ก	ล	◌ั	บ	ร	พ	า	า	ไ
ผ	◌ู	◌้	เ	ช	◌ี	◌่	ย	ว	ช	า	ญ	ะ	ณ	ม
ช	ล	ไ	ธ	ว	แ	ค	ฟ	น	ธ	จ	ป	ห	า	◌่
ษ	ณ	ส	ค	พ	◌ั	ต	ฝ	ฉ	ะ	ะ	ไ	◌์	ร	ท
ะ	ร	จ	ย	ษ	ช	ต	ม	ป	ร	ซ	บ	ข	บ	ร
ค	ช	ญ	◌ุ	ซ	ค	อ	ถ	พ	ร	เ	น	า	โ	า
ไ	ว	อ	ค	แ	ถ	บ	ฝ	◌ุ	ค	ง	พ	น	ธ	บ

การวิเคราะห์
โบราณ
สมัยโบราณ
กระดูก
อารยธรรม
ลูกหลาน
ยุค
ผู้เชี่ยวชาญ
ลืม
ฟอสซิล
เศษ
ความลึกลับ
วัตถุ
นักวิจัย
ทีม
วัด
หลุมฝังศพ
ไม่ทราบ

11 - Food #2

บ	ร	อ	ก	โ	ค	ล	◌ี	ข	อ	เ	ห	ท	ส	ช
ธ	ผ	ห	ป	ไ	ม	ผ	ท	ธ	ง	ช	ห	ท	ภ	◌็
ล	จ	ญ	ด	ร	ะ	ท	บ	ข	◌ุ	น	ง	◌็	เ	อ
ช	ศ	ป	เ	◌ี	เ	ช	◌ี	ส	◌่	ญ	ค	อ	ด	ค
ก	◌ี	ว	◌ี	◌่	ข	ม	ไ	ภ	น	ญ	ว	า	โ	โ
ท	ย	ะ	ศ	◌์	◌ี	ศ	ะ	ข	◌้	า	ว	ต	ย	ก
ธ	า	ค	ร	ร	อ	ต	ล	เ	ภ	ว	ษ	◌ิ	เ	แ
ท	ฉ	ะ	ท	อ	เ	ษ	ซ	ม	ข	ษ	ค	โ	ก	ล
ก	◌่	ด	า	ช	ท	ซ	ป	ฝ	ฟ	◌ี	ห	ช	◌ิ	ต
ห	น	ไ	ย	เ	ศ	ถ	ล	ณ	ห	ง	อ	◌๊	ร	ย
ข	◌้	า	ว	ส	า	ล	◌ี	แ	ฮ	ม	ภ	ค	◌์	ข
ผ	◌ึ	น	◌้	ด	ม	ญ	ไ	ผ	ไ	ม	ณ	ล	ต	ษ
ป	ข	ฉ	ล	ษ	ฉ	ษ	ส	ษ	ก	ข	ป	ไ	ข	◌่
ป	ซ	ด	ก	อ	แ	ส	ช	จ	◌่	ค	ล	ฟ	ว	ถ
ไ	แ	อ	ป	เ	ป	◌ิ	◌้	ล	แ	บ	า	ศ	ท	ส

แอปเปิ้ล
อาติโช๊ค
กล้วย
บรอกโคลี
ขึ้นฉ่าย
ชีส
เชอร์รี่
ไก่
ช็อคโกแลต
ไข่
มะเขือ
ปลา
องุ่น
แฮม
กีวี่
เห็ด
ข้าว
มะเขือเทศ
ข้าวสาลี
โยเกิร์ต

12 - Chemistry

ค	ฝ	ไ	อ	◌ิ	เ	ล	◌็	ก	ต	ร	อ	น	เ	ด
อ	ล	ธ	ฮ	น	◌้	◌ำ	ห	น	◌ั	ก	ก	อ	ก	◌่
แ	ษ	อ	ส	โ	ท	พ	ฝ	ร	ผ	ว	ร	อ	ล	า
ก	ช	ก	ร	แ	ด	ซ	ซ	น	อ	ฝ	ด	อ	◌ื	ง
◌๊	ผ	ว	ต	◌ี	ง	ร	◌่	เ	ว	◌ั	ต	ไ	อ	น
ส	◌์	ม	ซ	ไ	น	อ	เ	ธ	บ	ศ	ต	ซ	จ	◌ิ
ส	ง	ไ	ไ	ย	ย	ช	ก	จ	พ	ไ	ณ	แ	ฝ	ว
ย	น	ษ	ก	◌์	ศ	ล	ษ	อ	น	ต	ฟ	ว	ข	เ
ค	ว	า	ม	ร	◌้	อ	น	อ	บ	◌์	ร	า	ค	ค
ซ	ล	ล	จ	◌ี	พ	ล	◌ุ	ก	ล	เ	ม	โ	ฉ	ล
ล	ห	ซ	ล	ท	จ	ง	ภ	ซ	อ	ะ	ต	อ	ม	◌ี
ไ	เ	ฉ	ค	น	พ	ซ	ง	◌ิ	แ	ย	ศ	ล	ซ	ย
ก	ง	ม	เ	◌ิ	ด	ห	อ	เ	จ	ด	ช	เ	ห	ร
ด	อ	ฝ	ว	อ	ไ	ง	แ	จ	า	ย	ถ	ร	ค	◌์
ธ	ข	ต	ฉ	ไ	ษ	แ	ถ	น	ฝ	เ	แ	ค	ธ	อ

กรด
ด่าง
อะตอม
คาร์บอน
ตัวเร่ง
คลอรีน
อิเล็กตรอน
เอนไซม์
แก๊ส
ความร้อน
ไฮโดรเจน
ไอออน
ของเหลว
โมเลกุล
นิวเคลียร์
อินทรีย์
ออกซิเจน
เกลือ
น้ำหนัก

13 - Music

ธ	น	ย	เ	น	ฉ	ก	บ	ผ	ร	แ	ภ	เ	ร	ผ
ล	ค	◌ั	ร	◌ิ	◌ี	ล	ท	ส	◌้	ป	ไ	ป	ะ	ผ
แ	ด	ฟ	ก	ป	ญ	จ	ก	ม	อ	ท	ช	◌็	ค	ผ
า	ข	ย	ช	ด	ก	ง	ว	ผ	ง	ง	ข	น	ว	น
ญ	บ	ไ	ภ	ด	น	พ	◌ี	ส	เ	ธ	ก	จ	า	◌ั
โ	ไ	ส	ญ	ว	ฉ	ต	ม	า	พ	ร	ก	◌ั	ม	ก
อ	ฝ	ด	ห	ฟ	ไ	เ	ร	น	ล	ท	ง	ง	ส	ร
◌๊	ง	อ	น	◌ำ	ท	ศ	ป	◌ี	ง	ญ	ค	ห	า	◌้
ะ	ณ	ะ	น	ต	บ	◌ั	ล	ล	า	ด	ล	ว	ม	อ
โ	ป	ม	ต	ไ	ร	ต	ป	า	แ	ซ	า	ะ	◌ั	ง
อ	ม	ต	ก	ฟ	ค	◌ี	ร	ร	ถ	ข	ส	ว	ค	ฝ
◌่	โ	อ	เ	ป	ร	◌่	า	า	ฟ	ป	ส	ห	ค	ท
ไ	ม	โ	ค	ร	โ	ฟ	น	ถ	ส	ว	◌ิ	ง	◌ี	ร
ศ	พ	ฝ	ก	ท	◌ึ	น	◌ั	บ	ร	า	ก	◌ั	ท	ข
ป	อ	◌ั	ล	บ	◌ั	◌้	ม	ส	ษ	บ	ร	จ	เ	ผ

อัลบั้ม
บัลลาด
คลาสสิก
ผสมผสาน
ความสามัคคี
โอ๊ะโอ่
ตราสาร
ลีริคัล
ทำนอง
ไมโครโฟน
ดนตรี
นักดนตรี
โอเปร่า
บทกวี
การบันทึก
จังหวะ
เป็นจังหวะ
ร้องเพลง
นักร้อง

14 - Family

เ	ช	ณ	ถ	ฟ	ล	ญ	ส	ฝ	เ	ป	บ	ฝ	ะ	ซ
ล	ด	ล	◌ู	ก	ส	า	ว	า	า	◌้	ร	พ	◌่	อ
◌ู	ด	◌็	ษ	ป	ป	น	า	ห	ม	า	ร	ย	ห	ม
ก	พ	ซ	ก	า	ภ	◌้	ส	ล	น	◌ี	พ	น	ง	ไ
พ	ล	ด	ง	ฝ	ร	อ	น	า	ษ	า	บ	ภ	จ	ภ
◌ี	ฝ	า	แ	ฝ	ด	ง	า	น	ไ	ะ	◌ุ	ผ	ช	ท
◌่	ช	ไ	ล	น	ท	ส	ล	ช	ถ	ะ	ร	ช	ป	ก
ล	ก	ฟ	ณ	◌ุ	ช	า	ห	า	ไ	น	◌ุ	า	ว	ง
◌ู	จ	ห	ไ	ค	ง	ว	ท	ย	ง	ว	ษ	น	ศ	ภ
ก	ด	◌็	เ	ย	◌ั	ว	แ	ค	ข	ษ	ง	◌้	ล	ร
น	ช	ะ	ท	ร	ธ	ไ	ย	ม	ป	◌ู	◌่	อ	ร	ร
◌้	ไ	ว	ป	ห	น	า	ช	า	ท	ม	ม	ง	ษ	ย
อ	ล	อ	ย	ล	พ	ฉ	ญ	ร	ด	แ	แ	ช	ย	า
ง	แ	ณ	ง	า	พ	ด	พ	ด	า	ช	ต	า	า	แ
จ	แ	เ	า	น	พ	ถ	ห	า	ศ	จ	ห	ย	ย	ค

บรรพบุรุษ
ป้า
น้องชาย
เด็ก
วัยเด็ก
ลูกพี่ลูกน้อง
ลูกสาว
หลาน
ปู่
ยาย
สามี
มารดา
แม่
หลานชาย
หลานสาว
พ่อ
น้องสาว
ฝาแฝด
ลุง
ภรรยา

15 - Farm #1

เ	◌่	น	ช	จ	น	ข	ว	ผ	ณ	แ	ม	ว	ฟ	ฟ
ข	ก	บ	ก	ญ	◌่	ข	ร	ษ	แ	ไ	า	◌ั	ด	ป
ห	ไ	ษ	ผ	า	อ	ข	ด	◌ั	ด	ฟ	น	ว	พ	า
ษ	บ	า	ต	า	ง	◌้	◌็	ผ	◌้	ฟ	ส	ส	ก	ห
น	ท	ณ	ย	ร	ะ	า	ล	า	◌ื	ว	ภ	ต	ส	น
◌้	ฟ	ผ	น	ะ	ก	ว	ม	ก	ว	◌้	ย	จ	ห	อ
◌ำ	ย	ฉ	อ	ศ	ก	ร	เ	◌ี	ค	ห	ง	เ	ฉ	ซ
น	◌้	◌ำ	ผ	◌ึ	◌้	ง	ร	อ	ณ	ม	◌ิ	เ	ข	ข
ป	◌ุ	◌๋	ย	บ	า	ธ	ห	ม	ม	า	ท	ฟ	ว	ม
จ	ษ	ว	ศ	ท	ธ	ว	ฉ	ะ	ค	ผ	ะ	พ	แ	น
ณ	ง	ถ	พ	ไ	ต	ฟ	ล	ฉ	ศ	ส	ร	า	ะ	น
ห	จ	ะ	ข	ข	เ	ท	ซ	ไ	ค	ไ	ก	ก	ไ	ค
บ	ธ	ม	ท	ฟ	ว	เ	ย	ข	ด	อ	ศ	พ	ก	ค
ง	ภ	◌้	า	เ	ย	ป	จ	ท	แ	ฟ	า	ง	ซ	ภ
ว	ช	า	ด	พ	ต	ฟ	ไ	ไ	พ	พ	ญ	ห	ด	ษ

เกษตรกรรม
ผึ้ง
กระทิง
น่อง
แมว
ไก่
วัว
อีกา
หมา
ลา
รั้ว
ปุ๋ย
สนาม
แพะ
ฟาง
น้ำผึ้ง
ม้า
ข้าว
เมล็ด
น้ำ

16 - Camping

ษ	ท	ถ	ญ	ย	ธ	ธ	เ	ะ	ฟ	น	ง	ล	า	ด
ธ	ศ	ค	ม	ผ	ไ	ร	ต	แ	จ	ว	ห	◌่	อ	ว
ข	ไ	ก	น	ย	ป	ร	◌็	ห	ม	ญ	ต	า	ส	ง
ง	ว	◌ุ	ศ	ห	จ	ม	น	◌้	น	ล	พ	ส	ก	จ
แ	ผ	น	ท	◌ี	◌่	ช	ท	า	◌่	ป	ง	◌ั	า	◌ั
ย	ถ	ส	◌ิ	ว	ณ	า	◌์	ง	ข	เ	ด	ต	ร	น
ช	ถ	ผ	ม	ว	◌์	ต	◌ั	ส	ด	เ	น	ว	ผ	ท
น	ฝ	ภ	◌็	ร	ง	◌ิ	ล	ต	ท	ต	◌ู	◌์	จ	ร
ไ	ฟ	ก	ข	ไ	ฟ	ห	ต	◌้	ะ	จ	น	ภ	ญ	◌์
ส	ไ	ศ	เ	ส	ค	ฟ	า	น	เ	ไ	ค	ป	ภ	ห
ฝ	ะ	ถ	ถ	ษ	ห	ป	เ	ไ	ล	ล	แ	พ	◌ั	ไ
เ	ช	◌ี	อ	ก	ไ	ม	ธ	ม	ส	น	ไ	ล	ย	น
ฟ	ม	ณ	ส	ส	ผ	ง	ว	◌้	า	ข	จ	ม	า	อ
ท	ฉ	ต	ท	ค	อ	น	า	ก	บ	ย	ฟ	พ	ช	อ
ท	น	ไ	ส	ส	ไ	ช	แ	ไ	ก	ง	ญ	ด	ว	ภ

การผจญภัย
สัตว์
ห้าง
แคนู
เข็มทิศ
ไฟ
ป่า
สนุก
เปลญวน
หมวก
ล่าสัตว์
แมลง
ทะเลสาบ
แผนที่
ดวงจันทร์
ภูเขา
ธรรมชาติ
เชือก
เต็นท์
ต้นไม้

17 - Algebra

ส	ย	ว	ภ	ศ	ม	ก	ป	ท	ม	ส	ข	ไ	า	ย
ห	จ	ษ	ล	ง	ข	ผ	ฉ	ด	ภ	ม	น	ณ	น	ค
ต	◌ั	ว	แ	ท	น	เ	ศ	แ	ไ	ก	ไ	ถ	ษ	ก
ณ	จ	ญ	พ	ต	ล	ช	◌ู	ท	ย	า	ห	ญ	◌ั	ป
ท	◌ั	ฉ	ส	◌ั	ง	◌ิ	น	บ	ล	ร	า	ก	ซ	ช
ต	ป	ด	ว	ว	ม	ง	ย	ด	ย	ศ	ต	ค	ผ	ไ
ฝ	◌ั	ย	ไ	เ	เ	เ	◌์	ด	แ	ณ	ฟ	◌ู	ญ	ภ
เ	ญ	ว	ข	ล	ษ	ส	แ	ผ	น	ภ	า	พ	ส	ช
อ	ท	ผ	แ	ข	น	◌้	ท	◌ำ	ศ	ณ	ร	ย	ร	แ
ฟ	ศ	◌็	ส	ป	ศ	น	ส	า	ฟ	ร	ก	ต	ต	ผ
ณ	ค	ต	จ	ร	ร	เ	ม	ต	ร	◌ิ	ก	ซ	◌์	น
ค	ส	า	ร	ล	ะ	ล	า	ย	ภ	ฝ	ฟ	ป	น	ก
ะ	เ	ศ	ษ	ส	◌่	ว	น	ว	ข	ห	ไ	า	◌ั	บ
ร	ช	ป	ศ	ล	ว	ง	เ	ล	◌็	บ	เ	ส	น	ไ
ภ	จ	ญ	แ	ท	บ	ต	ฝ	ฉ	ส	ด	ะ	ม	อ	ผ

แผนภาพ
แผนก
สมการ
ตัวแทน
ปัจจัย
เท็จ
สูตร
เศษส่วน
กราฟ
อนันต์
เชิงเส้น
เมตริกซ์
ตัวเลข
วงเล็บ
ปัญหา
ทำ
สารละลาย
การลบ
ตัวแปร
ศูนย์

18 - Numbers

ฝ	ป	ฝ	ส	ส	ป	ส	จ	ต	ส	ณ	ส	ห	ส	ส
ม	ไ	ท	พ	◌ิ	ว	ส	◌ิ	จ	า	ค	◌ิ	ก	◌ิ	◌ิ
อ	จ	ด	ป	แ	บ	◌ิ	ส	บ	ม	ท	บ	ท	บ	บ
ท	ศ	น	◌ิ	ย	ม	ส	ญ	ด	ส	ม	ห	ร	ห	ส
ส	อ	ง	ง	ไ	จ	ศ	◌ี	ท	ธ	า	ก	แ	◌้	อ
ไ	บ	ถ	ว	ก	ธ	น	ซ	◌่	ข	ก	ม	ส	า	ง
ล	ภ	ศ	ต	ค	ซ	ศ	แ	พ	ด	◌้	ม	เ	ร	◌่
ะ	ย	ภ	ร	า	น	น	ด	จ	◌็	เ	บ	◌ิ	ส	◌ึ
ก	ก	ส	ม	ต	ย	ณ	ณ	ธ	จ	บ	ก	ค	ร	น
ะ	ญ	ห	ย	เ	ก	◌้	า	ข	เ	◌ิ	ส	◌ี	◌่	ห
ร	ด	พ	◌ี	จ	ย	ภ	น	ฟ	ฉ	ส	ฉ	ะ	ห	ธ
ไ	ณ	ผ	◌่	แ	ป	ด	ธ	ห	ข	ส	ญ	ข	ห	ฟ
เ	ฝ	ต	ส	ม	ว	ห	ส	◌ิ	บ	จ	ท	ป	ฟ	ร
ถ	ศ	ภ	◌ิ	า	ผ	ล	◌้	บ	ด	เ	ไ	ช	ธ	ห
ค	ม	ท	บ	ร	ช	ศ	ว	า	ภ	ข	ผ	ช	ช	า

ทศนิยม
แปด
สิบแปด
สิบห้า
ห้า
สี่
สิบสี่
เก้า
สิบเก้า
หนึ่ง
เจ็ด
สิบเจ็ด
หก
สิบหก
สิบ
สิบสาม
สาม
สิบสอง
ยี่สิบ
สอง

19 - Spices

ป า ป ร ◌ิ ก ◌้ า ษ อ ย ท ะ แ เ
ย พ บ ท ผ ภ ร ษ ธ บ ท ช ท ะ ม
ก ร ◌ี ก ◌ู น ฟ เ ฉ เ ศ ล แ ผ ◌็
น ร ◌ั ◌่ ฝ า ◌้ ญ ห ช ถ ค แ บ ด
น ส ะ า ร ◌่ ห ◌่ ◌ี ย ง ผ ก ป ย
ร ◌ั ถ เ ห ศ ภ พ ส อ ฟ ษ ง ฝ ◌ี
พ เ ท ร ท ด า ม ไ บ ล ท ท ะ ◌่
ภ แ ค เ ค ◌ี ภ ฉ โ ว น ◌ิ ล า ห
ฉ ภ ศ ค ม ส ย ด ป เ ก ล ◌ื อ ร
ผ ไ ษ ซ ข ◌็ ท ม ◌๊ แ ว ม ก ด ◌่
◌ั ล ◌ู พ น า ก อ ย ท ซ ป ฝ ท า
ก ท ห ข ◌ิ ง ว ห ก า ธ ม ผ ภ ฟ
ช น า ว ะ ร ก ว ◌ั อ า ว ว ช ส
◌ี ณ ค ญ า ข บ ◌ั ◌๊ ล ฟ ข ช ต ย
ฉ ล ต แ ป น ฉ ห ก ร ส ช า ต ◌ิ

โป๊ยกั๊ก
ขม
กระวาน
อบเชย
กานพูล
ผักชี
ผงยี่หร่า
แกง
เม็ดยี่หร่า
เฟนูกรีก
รสชาติ
กระเทียม
ขิง
นัทเม็ก
หัวหอม
ปาปริก้า
หญ้าฝรั่น
เกลือ
หวาน
วนิลา

20 - Universe

ด	า	ร	า	ศ	า	ส	ต	ร	◌์	ฟ	ฉ	ฉ	ต	ซ
น	◌ั	ก	ด	า	ร	า	ศ	า	ส	ต	ร	◌์	ย	◌ี
จ	ธ	ห	ต	ฝ	ค	ว	า	ม	ม	◌ื	ด	ส	◌์	ก
◌ั	ช	ฟ	จ	ง	ซ	◌่	ญ	ด	ภ	ศ	ร	ศ	ต	โ
ก	ก	ช	ด	ฉ	ส	◌ี	ณ	ต	เ	ผ	ฟ	า	◌ิ	ล
ร	ว	ฟ	◌้	เ	ส	ซ	า	ะ	ฝ	อ	ข	ก	ท	ก
ร	ะ	ค	ไ	ด	ช	ก	ผ	ถ	บ	จ	◌ี	า	า	ย
า	ง	น	น	ธ	ข	ล	ณ	ห	ด	บ	ม	ย	อ	า
ศ	ว	◌ั	◌็	ญ	ป	แ	ะ	ศ	ณ	ศ	ห	ร	ง	ธ
◌ี	แ	ย	ห	น	ป	า	ญ	ต	ว	า	อ	ร	ส	ไ
า	น	า	เ	ไ	ผ	ก	แ	ไ	◌ิ	ห	ถ	บ	แ	อ
ท	◌้	อ	ง	ฟ	◌้	า	ท	แ	ร	จ	ค	โ	ง	ว
ช	ส	ฉ	อ	ข	อ	บ	ฟ	◌้	า	ด	◌ู	ง	◌ั	ฟ
ณ	เ	ญ	ม	ร	◌์	ท	น	◌ั	จ	ง	ว	ด	ะ	ช
เ	ส	◌้	น	ศ	◌ู	น	ย	◌์	ส	◌ู	ต	ร	ช	ร

นักดาราศาสตร์
ดาราศาสตร์
บรรยากาศ
ฟังดู
ความมืด
เส้นศูนย์สูตร
กาแลกซี่
ซีกโลก
ขอบฟ้า
ละติจูด
เส้นแวง
ดวงจันทร์
วงโคจร
ท้องฟ้า
แสงอาทิตย์
อายัน
เอียง
มองเห็นได้
จักรราศี

21 - Mammals

ภ	ฝ	จ	ม	◌้	า	ล	า	ย	ฉ	ซ	ฟ	แ	แ	ไ
ธ	ถ	ย	ส	ย	ฉ	ด	ไ	ม	ห	ไ	ฟ	ก	ร	ศ
ฉ	ฝ	ง	ล	ภ	ก	อ	ร	◌ิ	ล	ล	า	ะ	ต	ช
ไ	พ	ย	ล	ไ	ไ	ย	า	◌่	ต	ะ	ร	ก	ญ	พ
ศ	ท	ง	ศ	ธ	แ	ร	◌์	อ	ว	เ	◌ี	บ	ป	ไ
ข	ฟ	ห	ะ	ฉ	บ	ร	ะ	ไ	ล	ก	ย	ก	ล	บ
ธ	ช	ข	ย	ล	า	ก	อ	ห	ซ	ย	จ	ธ	า	ก
ท	พ	ษ	ท	ร	น	อ	ฟ	ล	ต	ล	ช	ไ	โ	แ
ะ	ไ	ษ	ธ	ไ	ไ	ป	ด	โ	ค	า	◌ิ	ไ	ล	ณ
จ	◌ิ	ง	โ	จ	◌้	ย	จ	ผ	ม	◌่	เ	ง	ม	ไ
ถ	ส	อ	ษ	ญ	ผ	ภ	ค	ม	ญ	ป	ณ	ผ	า	ศ
ง	ส	◌ิ	ฟ	◌็	อ	ก	ซ	◌์	ว	า	ฬ	า	◌้	ม
ม	แ	ะ	ง	า	◌้	ช	ช	ค	ซ	ม	ส	ห	ม	◌ี
เ	ม	ซ	บ	โ	ว	ฟ	ฝ	ญ	ผ	ห	ป	ต	อ	ห
ง	ว	แ	◌้	◌ี	ต	ย	โ	ค	โ	า	ะ	ร	ม	ภ

หมี
บีเวอร์
โค
แมว
โคโยตี้
หมา
ปลาโลมา
ช้าง
ฟ็อกซ์
ยีราฟ

กอริลลา
ม้า
จิงโจ้
สิงโต
ลิง
กระต่าย
แกะ
วาฬ
หมาป่า
ม้าลาย

22 - Fishing

ธ	ด	ร	ง	ข	น	ท	ด	อ	ม	า	ว	ค	ห	ษ
ะ	ว	ะ	เ	า	เ	◌้	เ	ป	ไ	ผ	เ	ฝ	ป	ศ
ข	า	ต	ผ	ก	ข	ผ	◌ำ	น	◌้	◌่	ม	แ	ข	ฉ
ท	ง	บ	◌ี	ร	ค	ห	เ	ห	ฟ	ฉ	ข	ช	ค	ค
ห	ค	อ	◌ื	ร	เ	น	ด	ภ	น	ท	ไ	ษ	ณ	พ
ณ	ญ	ข	ส	ไ	ม	ห	ย	า	ห	◌ั	ง	ไ	ห	ไ
ส	ต	ะ	ฉ	ก	อ	ฝ	ย	ฟ	ก	ศ	ก	อ	พ	บ
ไ	ร	ต	อ	ร	จ	อ	ม	◌ื	ไ	ภ	อ	ล	ว	ด
ธ	ช	ะ	ษ	ไ	◌ู	◌ุ	ห	ข	◌่	ผ	◌ื	ไ	ย	ไ
ช	า	ย	ห	า	ด	ป	ญ	ฝ	า	อ	ง	ป	ย	ว
ผ	ต	อ	ฝ	ภ	ฤ	ก	ไ	ล	ย	ก	ห	ง	อ	ต
ษ	ถ	ป	แ	า	◌้	ร	ก	ะ	ต	ถ	เ	ไ	แ	ะ
ผ	ถ	ณ	ฟ	น	ย	ณ	ท	ะ	เ	ล	ส	า	บ	ณ
ศ	ช	ต	ฝ	ส	◌้	◌์	ท	◌ำ	อ	า	ห	า	ร	ล
ต	า	ช	◌ั	◌่	ง	◌ำ	ม	ห	า	ส	ม	◌ุ	ท	ร

เหยื่อ
ตะกร้า
ชายหาด
เรือ
ทำอาหาร
อุปกรณ์
ครีบ
เหงือก
ตะขอ
ขากรรไกร
ทะเลสาบ
มหาสมุทร
ความอดทน
แม่น้ำ
ตาชั่ง
ฤดู
น้ำ
น้ำหนัก
ลวด

23 - Restaurant #1

ญ	ผ	ม	น	ข	ป	ผ	ม	ข	จ	ญ	ผ	เ	ข	พ
ซ	อ	ส	ช	า	ม	◌้	ว	เ	ไ	จ	ฟ	น	น	น
ไ	บ	ผ	พ	ไ	ง	า	เ	ฟ	ก	ล	ด	◌ี	ม	◌ั
ณ	ย	น	ล	ช	ษ	เ	ว	ม	ถ	ซ	ต	◌้	ป	ก
จ	ส	ว	ว	า	ผ	ช	ษ	ก	น	ด	ก	อ	◌ั	ง
ข	ภ	◌่	ล	จ	ย	◌็	ป	ท	น	◌ู	ก	ต	ง	า
ค	ล	ส	ซ	ล	ผ	ด	◌ี	ม	ภ	ห	ซ	ษ	อ	น
ไ	ร	า	ห	า	อ	ป	บ	ด	◌ู	า	ต	ค	จ	เ
ก	ซ	◌ั	ฟ	ฟ	ถ	า	ฝ	ถ	ม	ก	ฉ	ข	ร	ส
า	ว	ฟ	ว	ส	ษ	ก	น	ฉ	◌ิ	ก	ง	ศ	า	◌ิ
แ	ร	◌์	ย	◌ี	ช	เ	ช	ค	แ	ไ	ก	◌่	ก	ร
ฟ	ส	ว	ค	ไ	ป	ด	ษ	ไ	พ	เ	ผ	◌็	ด	◌์
จ	จ	ณ	ก	ง	น	ก	ษ	ม	◌้	ว	แ	ซ	ฟ	ฟ
ย	า	ค	◌ิ	ผ	ธ	ไ	ช	ษ	ถ	ซ	ง	ณ	ฉ	ไ
ไ	น	น	น	ะ	ณ	ธ	ศ	ภ	แ	ฟ	ะ	ข	ร	ผ

ภูมิแพ้
ชาม
ขนมปัง
แคชเชียร์
ไก่
กาแฟ
ขนม
อาหาร
ส่วนผสม
ครัว
มีด
เนื้อ
เมนู
ผ้าเช็ดปาก
จาน
การจอง
ซอส
เผ็ด
กิน
พนักงานเสิร์ฟ

24 - Bees

น	◌้	◌ำ	ผ	◌ึ	◌้	ง	แ	ข	ญ	ด	ท	ฟ	ไ	ท
ช	ฉ	เ	า	บ	ษ	ไ	ม	ค	ส	อ	ด	ย	ไ	◌ี
ซ	ศ	ณ	ป	◌้	ม	ไ	ล	ผ	ว	ก	ศ	ห	า	◌่
ค	ว	◌ั	น	◌็	ย	อ	ง	แ	น	ไ	ว	อ	ท	อ
ข	เ	ข	ข	ญ	น	◌์	ข	ช	◌ี	ม	ฉ	ผ	ไ	ย
◌ี	◌ิ	ก	ไ	ล	ฝ	ป	ต	ต	ว	◌้	ด	ถ	ไ	◌ู
◌้	น	ป	ภ	น	◌ู	ล	ร	◌ิ	ค	า	ข	ย	จ	◌่
ผ	บ	◌ี	อ	จ	ง	ศ	า	ะ	ท	แ	ญ	แ	ค	อ
◌ึ	บ	ก	ผ	ศ	ศ	แ	ห	ล	โ	า	ฝ	น	ธ	า
◌้	ะ	พ	ษ	ฉ	ร	ฉ	า	ไ	า	ย	อ	พ	ร	ศ
ง	ร	ส	◌ี	ฟ	◌ั	ซ	อ	ช	ศ	ภ	ช	ง	ร	◌ั
เ	ร	ณ	◌ู	ช	ง	ษ	ซ	ฟ	ไ	ว	ป	น	ว	ย
ค	ว	า	ม	ห	ล	า	ก	ห	ล	า	ย	ไ	◌์	ด
แ	บ	ห	ถ	ผ	น	ค	ธ	น	น	ซ	า	พ	ไ	อ
ส	ล	ด	ฝ	ศ	น	ถ	ย	ไ	ม	ผ	ข	พ	พ	ก

เป็นประโยชน์
ดอก
ความหลากหลาย
ระบบนิเวศ
ดอกไม้
อาหาร
ผลไม้
สวน
ที่อยู่อาศัย
รัง
น้ำผึ้ง
แมลง
พืช
เรณู
ควีน
ควัน
ดวงอาทิตย์
ฝูง
ขี้ผึ้ง
ปีก

25 - Weather

ผ	ห	ถ	ไ	ป	แ	ก	ห	ซ	ย	ม	ร	ส	ุ	ม
พ	า	ย	ุ	เ	ฮ	อ	ร	ิ	เ	ค	น	ส	พ	ิ
ย	ม	ฟ	ภ	เ	ล	ม	อ	ฉ	ฉ	ว	ร	า	า	ภ
ช	ม	ศ	้	ส	ม	ห	ธ	ไ	บ	โ	ห	ย	ย	ู
ณ	ท	ญ	ด	ง	้	ห	แ	บ	ย	พ	ะ	ร	ุ	ห
ฝ	ฉ	ศ	ย	้	อ	ท	ค	ไ	ซ	ล	ด	ุ	ฟ	ณ
ส	พ	า	ข	ล	ม	้	ร	ก	จ	า	ซ	้	ธ	ุ
ว	ภ	ก	จ	แ	ว	ธ	ท	ซ	ี	ร	บ	ง	บ	อ
เ	ธ	า	จ	แ	ค	เ	ป	ว	อ	์	ณ	ข	ฉ	ส
ไ	ฉ	ย	พ	ท	น	ล	ท	อ	ข	ย	ต	็	ฟ	ย
ช	ส	ร	ท	อ	ด	ห	า	ญ	เ	ญ	ง	แ	้	ด
แ	ะ	ร	ย	ด	า	ย	ต	ว	ก	อ	ร	ำ	า	ป
ส	ผ	บ	ภ	ย	เ	ก	แ	ย	ด	ณ	ไ	้	ผ	ค
เ	ข	ต	ร	้	อ	น	า	ข	ฉ	์	ถ	น	่	ค
ฟ	้	า	ร	้	อ	ง	ล	ศ	ข	ถ	ท	ซ	า	า

บรรยากาศ
บรีซ
สภาพอากาศ
คลาวด์
แล้ง
แห้ง
หมอก
พายุเฮอริเคน
น้ำแข็ง
ฟ้าผ่า
มรสุม
โพลาร์
สายรุ้ง
ท้องฟ้า
พายุ
อุณหภูมิ
ฟ้าร้อง
เขตร้อน
ลม

26 - Adventure

ฝ	ไ	◌ิ	ผ	ป	จ	ต	ช	ภ	ล	ค	ฟ	ก	ค	า
ฟ	ห	ฉ	ต	ล	จ	ไ	ส	จ	น	ว	ค	◌ิ	ว	ก
ญ	ม	ฟ	ย	า	ร	ต	น	◌ั	อ	า	ว	จ	า	า
เ	◌่	บ	อ	ย	ช	ท	ป	ค	ภ	ม	า	ก	ม	ร
ก	พ	ช	จ	ท	โ	ม	ป	า	ฉ	ก	ม	ร	ป	เ
า	อ	◌ื	ข	า	ผ	อ	ร	ข	แ	ล	ง	ร	ล	ด
ย	ย	ช	◌่	ง	ค	า	ก	ร	ะ	◌้	า	ม	อ	◌ิ
ม	ต	ร	บ	อ	ฝ	ะ	ท	า	ธ	า	ม	ช	ด	น
า	ษ	ก	ศ	◌ึ	น	ศ	◌ั	ท	ส	ห	ฝ	ห	ภ	ท
ว	แ	ก	ย	จ	ไ	ก	ล	ป	แ	า	◌่	น	◌ั	า
ค	ผ	◌ิ	ด	ป	ก	ต	◌ิ	ป	ศ	ญ	ฝ	า	ย	ง
น	◌ำ	ร	◌่	อ	ง	ว	ผ	ป	ร	ง	ซ	ไ	บ	จ
า	ไ	ค	ว	า	ม	ท	◌้	า	ท	า	ย	น	ษ	ต
ผ	ฝ	ะ	ว	ว	บ	ธ	ค	ศ	ผ	ะ	ข	ง	ป	ไ
ก	า	ร	ต	ร	ะ	เ	ต	ร	◌ี	ย	ม	บ	ล	ฝ

กิจกรรม
ความงาม
ความกล้าหาญ
ความท้าทาย
โอกาส
อันตราย
ปลายทาง
ความยาก
ทัศนศึกษา
เพื่อน
จอย
ธรรมชาติ
นำร่อง
ใหม่
การตระเตรียม
ความปลอดภัย
น่าแปลกใจ
การเดินทาง
ผิดปกติ

27 - Restaurant #2

ล	ฝ	ม	ด	ท	ะ	ต	ภ	ภ	ษ	ย	แ	ก	อ	ส
ไ	ศ	ไ	ห	ถ	ก	ะ	ฝ	จ	ไ	ะ	ผ	๋	า	ล
ว	ท	ข	น	แ	เ	ป	ส	ค	ก	ะ	ช	ว	ห	ั
เ	เ	ม	ห	ห	ธ	ข	า	้	ป	ล	า	ย	า	ด
ค	ก	ด	พ	แ	ท	พ	ส	ห	อ	ญ	จ	เ	ร	เ
ร	ล	ื	ไ	ค	ฉ	ม	ด	ต	อ	ม	ข	ต	ก	ค
ี	ื	่	อ	า	ห	า	ร	เ	ย	็	น	ี	ล	้
่	อ	ง	ไ	ศ	ป	ธ	ซ	อ	ซ	ค	ว	๋	า	ก
อ	ต	อ	ร	่	อ	ย	ย	ี	ส	ุ	แ	ย	ง	ั
ง	ร	่	ง	ข	็	แ	ำ	้	น	ไ	ป	ว	ว	ผ
เ	ย	ี	ก	ไ	ถ	ว	้	า	ว	ค	ญ	ศ	ั	ช
ท	แ	ร	ก	ิ	ร	บ	น	้	ม	ไ	ล	ผ	น	้
ศ	เ	ค	ไ	ไ	ส	ษ	ธ	ก	อ	ร	ท	ถ	ท	อ
ฝ	ศ	เ	ถ	ช	ข	ก	ข	เ	ภ	จ	จ	ก	ช	น
ไ	ว	ณ	แ	น	ย	ป	า	ต	แ	ต	ป	ภ	ท	ะ

เครื่องดื่ม
เค้ก
เก้าอี้
อร่อย
อาหารเย็น
ไข่
ปลา
ส้อม
ผลไม้
น้ำแข็ง
อาหารกลางวัน
ก๋วยเตี๋ยว
สลัด
เกลือ
ซุป
เครื่องเทศ
ช้อน
ผัก
บริกร
น้ำ

28 - Geology

ท	ศ	ไ	ร	แ	ซ	ป	ภ	ห	อ	ณ	ร	ค	พ	แ
ห	ช	◌ั	◌้	น	ฟ	ะ	อ	ต	◌ิ	ษ	จ	ร	ป	ค
ต	◌ิ	ร	◌่	อ	น	ก	ซ	แ	ะ	น	ถ	◌ิ	ต	ล
ผ	ค	น	ผ	ต	◌ุ	า	ธ	◌่	ร	แ	ฉ	ส	ร	เ
แ	ะ	ธ	ย	ธ	◌์	ร	อ	ซ	เ	ก	ไ	ต	อ	ซ
ฉ	ไ	จ	ง	◌้	ฟ	◌ั	ธ	◌ี	ส	ด	แ	◌ั	บ	◌ี
เ	ข	ด	ค	ด	อ	ง	ไ	ธ	ล	ต	ผ	ล	ไ	ย
ค	ว	อ	ท	ซ	◌์	ย	ผ	า	แ	ก	ไ	า	ไ	ม
ธ	ป	ณ	ต	อ	ว	ไ	ฟ	ไ	า	ข	เ	◌ู	ภ	ห
ม	ษ	า	ฝ	ซ	ณ	ร	ผ	บ	ค	ฉ	ซ	ฉ	า	จ
แ	ผ	◌่	น	ด	◌ิ	น	ไ	ห	ว	น	บ	ท	ต	ณ
ท	◌ี	◌่	ร	า	บ	ส	◌ู	ง	ก	น	ผ	ะ	ธ	ษ
ฝ	ช	ช	ไ	า	ล	า	ว	า	ร	ษ	บ	ธ	บ	ร
ณ	ย	ท	ว	◌ี	ป	พ	ป	ะ	ด	ฟ	ก	ไ	ธ	ด
ฟ	อ	ส	ซ	◌ิ	ล	ก	ธ	ผ	ค	พ	ถ	◌ั	◌ำ	ด

กรด
แคลเซียม
ถ้ำ
ทวีป
ปะการัง
คริสตัล
รอบ
แผ่นดินไหว
ร่อน
ฟอสซิล
ไกเซอร์
ลาวา
ชั้น
แร่ธาตุ
ที่ราบสูง
ควอทซ์
เกลือ
หินย้อย
หิน
ภูเขาไฟ

29 - House

ด	า	ธ	ฝ	ด	ข	น	ค	ศ	ต	น	ษ	ถ	ค	ข
แ	ม	ก	ป	ค	◌ี	ย	◌์	เ	พ	ถ	ข	ซ	ค	ห
ธ	ผ	◌ุ	แ	ร	ต	ง	ย	เ	ญ	แ	ฉ	เ	ค	ไ
ด	ธ	ซ	ส	า	ข	ต	เ	◌ู	◌ำ	ต	ไ	ฟ	ซ	ภ
ฟ	ฟ	า	ค	ง	ล	◌ั	ห	ต	◌้	ไ	ง	อ	◌้	ห
น	ร	ว	ด	อ	อ	ศ	จ	ะ	น	ไ	อ	ร	ผ	ห
ผ	น	◌ั	ง	◌้	ช	◌้	ง	ร	บ	ร	ห	◌์	เ	น
ส	ว	น	ผ	ห	ไ	ด	ห	ป	า	ก	ภ	น	ห	◌้
ธ	ค	ว	เ	ว	ศ	ฝ	น	พ	อ	ก	ฟ	◌ิ	ล	า
ญ	ข	ไ	ม	◌้	ก	ว	า	ด	◌ี	แ	ส	เ	◌ั	ต
ส	า	ภ	ญ	◌ั	จ	◌ั	ม	ไ	ผ	◌้	ซ	จ	ง	◌่
บ	ไ	น	ข	ร	ะ	ร	◌่	ธ	ค	จ	น	อ	ค	า
โ	ค	ม	ไ	ฟ	ร	ค	า	ง	ไ	ง	ข	ร	า	ง
โ	ร	ง	ร	ถ	ก	ฉ	◌้	ป	เ	ธ	ฟ	◌์	พ	ฟ
ช	ม	อ	ศ	เ	ห	ฟ	ผ	เ	ต	า	ผ	◌ิ	ง	ถ

ห้องใต้หลังคา
ไม้กวาด
ผ้าม่าน
ประตู
รั้ว
เตาผิง
พื้น
เฟอร์นิเจอร์
โรงรถ
สวน
คีย์
ครัว
โคมไฟ
ห้องสมุด
กระจก
หลังคา
ห้อง
อาบน้ำ
ผนัง
หน้าต่าง

30 - Physics

ก	ล	◌็	ห	เ	◌่	ม	แ	ค	ส	ษ	ห	น	ส	น
อ	ล	◌ุ	ก	ล	เ	ม	โ	ว	◌ั	แ	ช	ว	า	◌ิ
ค	◌ิ	ศ	เ	ไ	บ	ป	เ	า	ม	ป	ก	ว	ก	ว
ว	ต	เ	า	ห	ด	ถ	ต	ม	พ	จ	ต	◌๊	ล	เ
า	ไ	ฟ	ล	ส	ษ	ไ	ฝ	ถ	◌ั	พ	พ	ร	ส	ค
ม	ห	ณ	ย	◌็	ต	ท	ฝ	◌ี	ท	ล	ห	ป	ถ	ล
ห	อ	◌ี	ถ	ไ	ก	ร	ถ	◌่	ธ	ต	ฟ	า	ร	◌ี
น	ะ	ม	ว	ล	เ	ต	◌์	ะ	ภ	ช	ต	อ	ฉ	ย
า	ต	ค	ณ	แ	ส	◌ู	ร	ค	า	ภ	◌ุ	น	อ	ร
แ	อ	เ	แ	ะ	ถ	ส	ก	อ	พ	แ	ธ	ป	ช	◌์
น	ม	ค	ย	ะ	ถ	ษ	ไ	ค	น	ท	ะ	ม	ธ	ไ
◌่	เ	ค	ร	◌ี	◌่	อ	ง	ย	น	ต	◌์	ส	ก	ร
น	ไ	ด	ภ	ค	ว	า	ม	ว	◌ุ	◌่	น	ว	า	ย
ก	า	ร	ข	ย	า	ย	ต	◌ั	ว	ไ	ช	ซ	บ	ร
ก	า	ร	ท	ด	ล	อ	ง	ก	ส	ธ	ง	ถ	ล	ป

อะตอม
ความวุ่นวาย
เคมี
ความหนาแน่น
อิเล็กตรอน
เครื่องยนต์
การขยายตัว
การทดลอง
สูตร
ความถี่
แก๊ส
แม่เหล็ก
มวล
กลศาสตร์
โมเลกุล
นิวเคลียร์
อนุภาค
สัมพัทธภาพ
สากล

31 - Coffee

เ	ไ	ไ	า	พ	ช	ผ	ฟ	ก	ต	อ	ส	ย	า	ย
เ	ช	ร	ส	ช	า	ต	◌ิ	ล	ถ	ป	◌ี	ช	ห	ฟ
บ	ษ	◌้	บ	ค	ไ	พ	ค	◌ิ	ณ	อ	ด	บ	ย	ก
ฝ	ณ	ล	า	ต	◌ำ	◌้	น	◌่	า	พ	◌ำ	◌้	น	ย
ซ	ฟ	ถ	ค	ม	◌่	◌ี	ด	น	ญ	ส	บ	ห	ก	ง
ฉ	ฉ	ย	า	ข	◌่	า	ด	ห	ห	ค	ร	◌ี	ม	า
ฉ	ด	ะ	ร	น	ร	◌ี	บ	อ	ฝ	ย	ข	ญ	อ	เ
ย	ศ	ก	ด	ธ	ณ	ภ	ท	ม	อ	อ	ซ	จ	อ	ธ
ว	ฟ	บ	ณ	พ	ษ	ข	น	พ	ด	พ	ษ	ท	ซ	ส
◌้	ล	ล	ข	ข	ว	ห	ม	ศ	ถ	ล	บ	ย	ง	ง
ถ	ฉ	ห	ค	ว	า	ม	ห	ล	า	ก	ห	ล	า	ย
พ	ภ	ฝ	เ	เ	ค	ร	◌ี	◌่	อ	ง	ด	◌ี	◌่	ม
ย	ก	ช	อ	ง	ฟ	ส	อ	ะ	พ	อ	ช	ธ	ซ	พ
ไ	ค	า	เ	ฟ	อ	◌ี	น	พ	ไ	ร	ต	ข	ไ	แ
ฟ	ไ	น	พ	ะ	ย	ข	ร	ค	ษ	ก	ส	ไ	ไ	ก

กลิ่นหอม
เครื่องดื่ม
ขม
สีดำ
คาเฟอีน
ครีม
ถ้วย
กรอง
รสชาติ
บด
ของเหลว
นม
เช้า
ที่มา
ราคา
น้ำตาล
ดื่ม
ความหลากหลาย
น้ำ

32 - Scientific Disciplines

โ	ย	ค	ญ	ซ	ด	แ	ร	◌่	ว	◌ิ	ท	ย	า	ส
ผ	บ	ศ	◌ิ	ฟ	ษ	า	ย	ท	ว	◌ิ	ว	◌ี	ช	ก
ด	ธ	ร	ง	ท	า	ภ	ร	า	ก	า	น	ช	ภ	โ
ไ	ธ	ก	า	ม	น	ว	ถ	า	บ	น	◌์	ช	ด	จ
ง	ซ	บ	ป	ณ	ะ	◌ี	น	ก	ศ	ภ	ร	พ	ก	ฉ
ส	ร	ว	ล	ห	ค	อ	ว	ฝ	ส	า	ต	ผ	ร	ร
ร	ว	ษ	ย	ะ	ภ	ด	แ	◌ิ	ด	ษ	ส	ร	ฝ	ร
◌ี	ม	ค	เ	ถ	ท	ข	◌ี	ป	ท	ม	า	ต	ย	เ
ร	ศ	จ	◌ิ	ต	ว	◌ิ	ท	ย	า	ย	ศ	ธ	ร	ไ
ว	ภ	ภ	พ	ช	◌ี	ว	เ	ค	ม	◌ี	า	ญ	ข	◌์
◌ิ	ก	ล	ศ	า	ส	ต	ร	◌์	ผ	ไ	ษ	ซ	ศ	ฟ
ท	น	◌ิ	เ	ว	ศ	ว	◌ิ	ท	ย	า	า	ค	ย	ห
ย	ธ	ร	ณ	◌ี	ว	◌ิ	ท	ย	า	ผ	ภ	ส	ค	ล
า	ย	ท	ว	◌ิ	ม	ค	ง	◌ั	ส	ป	ป	ฝ	ฉ	ย
พ	ฤ	ก	ษ	ศ	า	ส	ต	ร	◌์	ผ	ฟ	ว	จ	ช

โบราณคดี
ดาราศาสตร์
ชีวเคมี
ชีววิทยา
พฤกษศาสตร์
เคมี
นิเวศวิทยา
ธรณีวิทยา
คิทนีวิทยา
ภาษาศาสตร์
กลศาสตร์
แร่วิทยา
โภชนาการ
สรีรวิทยา
จิตวิทยา
สังคมวิทยา

33 - Science

ล ส อ า อ ะ ต อ ม ล ภ ะ ไ ว แ
ภ า ◌ิ น เ ว ต ฝ ถ ส ◌ู ม ย ◌ิ ร
ง น ฉ ◌่ ◌ุ ล ◌ุ ก ล เ ม โ ไ ว ง
ก ป ผ ต ง ภ แ ถ ณ ข ◌ิ ผ ช ◌ั โ
ค ฝ ว ม ช ม า า ณ ถ อ ข บ ฒ น
ธ ถ ะ ญ ห ย ◌ี ค ว บ า เ เ น ◌้
◌ี ร ฟ ภ ธ ก น ช น ม ก ค ต า ม
◌ิ ธ ร ด ช ซ ง ญ ◌ี แ า ม ก ก ถ
ว ถ ล ม ◌ู อ ◌้ ข ศ ว ศ ◌ี เ า ◌่
ล แ ฟ ส ช ภ ช พ ย ะ ◌ิ ป ง ร ว
พ ◌ี ช ต ◌ุ า ธ ◌่ ร แ ห ต ◌ั ซ ง
ฟ อ ส ซ ◌ิ ล ต ฟ ◌ิ ส ◌ิ ก ส ◌์ า
บ ช ภ ไ บ ผ ม ◌ิ ไ แ จ เ ร ก ช
ก า ร ท ด ล อ ง ถ แ อ ฝ า ฟ ส
ส ม ม ต ◌ิ ฐ า น เ ว ย ว ก ด ซ

อะตอม
เคมี
ภูมิอากาศ
ข้อมูล
วิวัฒนาการ
การทดลอง
ฟอสซิล
แรงโน้มถ่วง
สมมติฐาน
วิธี
แร่ธาตุ
โมเลกุล
ธรรมชาติ
การสังเกต
สิ่งมีชีวิต
อนุภาค
ฟิสิกส์
พืช

34 - Beauty

ค	ต	บ	ส	ไ	ต	ล	◌ิ	ส	ต	◌์	ซ	ศ	ผ	ม
ไ	ย	ร	ษ	ฟ	แ	อ	ท	ง	ม	ม	◌ู	ก	ท	เ
ส	ว	◌ิ	ผ	ก	ท	ะ	ห	ผ	ณ	ข	พ	ฟ	ว	ค
เ	ศ	ก	ก	ต	ล	ซ	ซ	น	◌้	◌ำ	ม	◌ั	น	ร
ล	ร	า	น	◌ิ	น	◌ิ	พ	จ	ท	แ	ช	ข	ธ	◌ี
ก	ษ	ร	ล	ส	ษ	ฟ	◌่	ฝ	ฝ	บ	แ	ซ	ฟ	◌่
ฟ	ร	ถ	ด	ป	ม	ง	ผ	น	ห	ย	◌ิ	ก	น	อ
ไ	ญ	ร	ย	◌ิ	ส	อ	ง	บ	ห	ถ	ไ	ธ	ศ	ง
ญ	ะ	ต	ไ	ล	ธ	◌ี	ธ	ล	ณ	อ	ะ	ง	อ	ส
ป	ผ	ซ	ร	ก	เ	ส	น	◌่	ห	◌์	ม	ว	ป	◌ำ
ก	ร	ะ	จ	ก	ร	แ	ต	◌่	ง	ห	น	◌้	า	อ
ม	า	ส	ค	า	ร	◌่	า	ส	ป	ง	ต	ด	◌่	า
ผ	ล	◌ิ	ต	ภ	◌ั	ณ	ฑ	◌์	ผ	ธ	แ	ถ	ง	ง
ถ	◌่	า	ย	ร	◌ู	ป	อ	ป	ไ	ว	ง	ฟ	ส	จ
ค	ว	า	ม	ง	ด	ง	า	ม	ะ	ญ	ช	ณ	ต	ณ

เสน่ห์
สี
เครื่องสำอาง
หยิก
ความงดงาม
สง่า
กลิ่นหอม
เกรซ
ลิปสติก
แต่งหน้า
มาสคาร่า
กระจก
น้ำมัน
ถ่ายรูป
ผลิตภัณฑ์
กรรไกร
บริการ
แชมพู
ผิว
สไตลิสต์

35 - Clothes

ร	ส	ะ	ต	แ	า	◌้	ท	เ	ง	อ	ร	ล	บ	ข
ก	อ	ร	ไ	ข	ไ	พ	น	ะ	ข	เ	ส	◌ี	◌้	อ
ร	ม	ง	◌้	ว	ง	ถ	น	ย	จ	◌็	ฝ	ไ	ว	ห
ะ	ล	ะ	เ	อ	ค	ย	อ	◌้	ร	ส	ม	น	น	ภ
โ	◌ุ	ต	จ	ท	ย	พ	ป	ะ	ล	แ	ถ	ข	◌่	ซ
ป	ค	พ	ต	ฉ	◌้	ข	◌ี	ช	ว	ห	◌ุ	ถ	◌ั	เ
ร	อ	ค	น	พ	◌ั	า	◌้	ผ	ฝ	ม	ง	◌ุ	ช	ด
ง	◌้	ถ	ง	บ	ผ	ค	เ	อ	ภ	ว	ม	ง	ฟ	แ
ศ	◌ี	ว	ถ	น	ผ	ข	น	ห	ม	ก	◌ี	เ	แ	ว
ต	ส	ง	ก	เ	ง	า	ก	ณ	ฟ	◌ี	อ	ท	ฟ	เ
ห	เ	ด	ฉ	ม	ป	ท	◌ั	ศ	ภ	ล	อ	◌้	ภ	ย
ช	◌ุ	ด	น	อ	น	ล	า	ช	◌ุ	ด	ม	า	ศ	◌ี
บ	บ	ด	ะ	า	ท	ค	◌้	โ	อ	◌้	◌ี	ส	เ	น
ภ	พ	ว	จ	ไ	ม	ส	ผ	พ	ถ	า	ป	ธ	ห	ส
แ	จ	◌็	ค	เ	ก	◌็	ต	ก	ด	ก	อ	ญ	ฝ	◌์

ผ้ากันเปื้อน
เข็มขัด
สร้อยข้อมือ
เสื้อโค้ท
ชุด
แฟชั่น
ถุงมือ
หมวก
แจ็คเก็ต
ยีนส์
สร้อยคอ
ชุดนอน
กางเกง
รองเท้าแตะ
ผ้าพันคอ
เสื้อ
รองเท้า
กระโปรง
ถุงเท้า
เสื้อคลุม

36 - Insects

ป	ณ	ด	ฟ	ห	ด	อ	ด	อ	ม	ป	บ	ย	ง	เ
ล	ไ	ห	ร	ฟ	จ	ไ	ง	◌้	ล	ผ	ณ	ไ	อ	ไ
ว	แ	น	ย	◌ุ	ง	◌ั	ค	ผ	ว	ด	ข	ถ	ท	บ
ก	ม	อ	ล	ด	◌้	ไ	ก	า	ก	ง	◌ั	ท	า	ป
อ	ล	น	ห	ท	◌ึ	ณ	ไ	จ	ง	ม	ฝ	ง	◌่	น
ส	ง	อ	เ	ผ	ผ	ช	บ	ด	◌ั	จ	ะ	ญ	ต	ญ
◌ี	ส	ว	พ	ข	ห	ซ	ช	า	ถ	◌่	ญ	น	เ	เ
◌้	า	ธ	ล	น	ล	ห	ห	ส	ไ	ภ	น	ต	แ	ม
เ	บ	ะ	◌ี	แ	ม	ล	ง	ป	อ	ญ	เ	แ	ย	ด
◌ี	ห	ส	◌้	ไ	ง	ศ	ย	ป	◌่	ผ	ต	ก	ก	พ
ผ	บ	◌็	ย	ด	ฟ	ฉ	ป	ฉ	ต	บ	ภ	◌๊	ด	า
น	ไ	อ	บ	ต	◌ั	ว	อ	◌่	อ	น	ญ	◌ั	ณ	ศ
บ	อ	ไ	จ	า	ฉ	ผ	น	ก	พ	ะ	ช	ต	ซ	ม
ฉ	ว	เ	อ	ไ	ด	ก	ง	แ	ต	น	แ	ต	น	ค
ม	ฝ	ธ	ญ	ค	ซ	ณ	ฝ	ภ	ว	น	ท	ง	ต	อ

มด
เพลี้ย
ผึ้ง
ด้วง
ผีเสื้อ
จักจั่น
แมลงสาบ
แมลงปอ
เห็บ
ตั๊กแตน
แตน
เต่าทอง
ตัวอ่อน
ปาทังกา
กงแตนแตน
ยุง
มอด
ปลวก
ต่อ
หนอน

37 - Astronomy

พ	ล	ร	◌์	ท	น	◌ั	จ	ง	ว	ด	จ	น	จ	ร
จ	โ	ด	า	ว	เ	ท	◌ี	ย	ม	า	เ	◌ั	◌ั	◌ั
บ	ช	ล	ณ	ไ	ว	เ	ญ	ย	ร	ว	น	ก	ก	ง
◌่	◌ี	ซ	ก	ล	แ	า	ก	◌์	◌์	เ	บ	บ	ร	ส
ก	ณ	ต	ต	ซ	อ	ช	ร	ต	ต	ค	◌ิ	◌ิ	ว	◌ี
า	ก	ส	ว	ร	◌ู	ณ	น	◌ิ	ส	ร	ว	น	า	จ
ผ	ไ	ข	า	เ	ะ	เ	ป	ท	า	า	ล	อ	ล	◌ั
ณ	ห	จ	ด	ร	ป	ห	ป	า	ศ	ะ	า	ว	ง	ก
ง	ษ	ห	ฉ	ว	ค	ด	ณ	อ	า	ห	ถ	ก	ค	ร
ห	อ	ด	◌ู	ด	า	ว	ส	ง	ร	◌์	ค	า	ช	ร
ง	ต	ธ	ว	ม	ศ	ร	บ	ส	า	◌์	ภ	ศ	น	า
ซ	ล	ด	ป	ข	ว	จ	ร	แ	ด	ะ	โ	ภ	ไ	ศ
ป	ท	◌้	อ	ง	ฟ	◌้	า	ษ	ก	ร	บ	น	เ	◌ี
ถ	ไ	ง	ะ	ม	ว	ะ	ต	ว	◌ั	ษ	◌ุ	◌ิ	ว	ฟ
ก	ล	◌ุ	◌่	ม	ด	า	ว	ถ	น	จ	ฝ	ะ	ะ	า

นักบินอวกาศ
นักดาราศาสตร์
กลุ่มดาว
โลก
คราส
วิษุวัต
กาแลกซี่
ดาวตก
ดวงจันทร์
เนบิวลา
หอดูดาว
ดาวเคราะห์
รังสี
จรวด
ดาวเทียม
ท้องฟ้า
แสงอาทิตย์
ซูเปอร์โนวา
จักรวาล
จักรราศี

38 - Health and Wellness #2

พ	ล	◌ั	ง	ง	า	น	อ	ข	เ	จ	แ	ล	า	โ
ศ	ไ	ม	ร	◌์	ต	ส	า	ศ	ธ	◌ุ	น	◌ั	พ	ร
ญ	ช	ญ	ภ	ห	◌่	◌ี	ร	อ	ล	ค	แ	ก	ส	ง
โ	ย	า	ห	ะ	ร	ก	ม	า	ว	ค	ไ	า	◌ุ	พ
ภ	ภ	อ	า	ห	า	ร	ณ	น	น	ก	ล	ร	ข	ย
ม	◌ู	ช	ห	เ	ญ	ฝ	◌์	ซ	◌้	า	ค	ค	อ	า
ศ	ฝ	ม	น	พ	แ	ร	ษ	ว	◌ำ	ร	ว	า	น	บ
เ	ณ	จ	◌ิ	า	ข	ด	า	◌ิ	ห	ต	า	ย	า	า
ฉ	ล	ท	ะ	แ	ก	ณ	ญ	ต	น	◌ิ	ม	น	ม	ล
น	ค	◌ี	ล	ญ	พ	า	แ	า	◌ั	ด	เ	◌้	◌ั	ษ
ท	ไ	ฟ	อ	า	ถ	◌้	ร	ม	ก	เ	ค	◌ำ	ย	ก
บ	ว	ส	ม	ด	ว	น	เ	◌ิ	ธ	ช	ร	ภ	ะ	ผ
ป	ฝ	โ	ร	ค	ฟ	ค	ไ	น	ฝ	◌ี	◌ี	เ	อ	ร
ศ	ว	ต	แ	ข	◌็	ง	แ	ร	ง	◌้	ย	ป	ด	ม
ก	า	ร	ก	◌ู	◌้	ค	◌ี	น	ข	อ	ด	ต	ค	พ

ภูมิแพ้
ความกระหาย
เลือด
แคลอรี่
การคายน้ำ
อาหาร
โรค
พลังงาน
พันธุศาสตร์
แข็งแรง
โรงพยาบาล
สุขอนามัย
การติดเชื้อ
นวด
อารมณ์
โภชนาการ
การกู้คืน
ความเครียด
วิตามิน
น้ำหนัก

39 - Disease

โ	ร	ค	ป	ร	ะ	ส	า	ท	ผ	บ	ไ	ฝ	จ	ภ
ธ	ภ	เ	ร	ห	ร	ก	า	ร	อ	◌ั	ก	เ	ส	บ
ภ	พ	ต	ฉ	อ	ต	◌่	ด	◌ิ	ต	ค	ร	โ	แ	น
ด	ส	ม	ไ	ด	ร	◌์	า	บ	ม	◌ุ	ล	อ	บ	ก
ก	า	ร	บ	◌ำ	บ	◌ั	ด	ง	อ	◌้	ท	◌่	ค	◌ั
เ	ร	◌ื	◌้	อ	ร	◌ั	ง	ะ	ก	ะ	น	อ	ท	ม
ซ	จ	ง	ฝ	ณ	ท	ศ	แ	พ	ย	า	ค	น	◌ี	ค
ฝ	ไ	ไ	ศ	ป	ภ	ถ	ะ	ท	◌้	ล	ย	แ	เ	◌ุ
ม	ย	ว	ว	พ	ฉ	บ	ร	บ	แ	แ	ญ	อ	ร	◌้
ท	า	ง	พ	◌ั	น	ธ	◌ุ	ก	ร	ร	ม	ฝ	◌ี	ม
ถ	ห	ห	า	ม	ห	ว	บ	◌ู	ญ	ท	ฝ	◌ิ	ย	◌ิ
แ	ผ	ด	ภ	ข	เ	ม	ร	ด	โ	น	◌ิ	ซ	◌ู	◌ู
ม	ส	ฟ	ข	น	ซ	า	า	ะ	แ	ด	ภ	ว	ย	ภ
น	ค	ศ	◌ุ	ว	ค	ถ	ค	ร	โ	อ	◌้	◌ี	ช	เ
ฟ	ไ	ม	ส	ไ	ภ	ร	ฟ	ก	ด	ซ	ป	า	ด	บ

ท้อง
ภูมิแพ้
แบคทีเรีย
ร่างกาย
กระดูก
เรื้อรัง
โรคติดต่อ
ทางพันธุกรรม
สุขภาพ
หัวใจ
ภูมิคุ้มกัน
การอักเสบ
ลุมบาร์
โรคประสาท
เชื้อโรค
หายใจ
ซินโดรม
การบำบัด
อ่อนแอ

40 - Time

อ	ก	เ	า	น	ช	ล	ถ	ใ	น	ร	ไ	ย	ผ	า
ะ	น	อ	ซ	า	◌ั	เ	ซ	น	◌ี	ค	ง	า	ล	ก
ถ	ผ	า	ฉ	ท	◌่	ช	ธ	ไ	◌ี	ต	ฟ	ผ	จ	ฟ
ว	◌ั	น	ค	◌ี	ว	◌้	ย	ม	แ	◌้	ท	ว	ย	ข
ธ	ต	อ	ถ	ต	โ	า	ษ	◌่	ส	ช	น	ป	า	ข
ร	อ	◌ี	ฟ	ม	ม	ศ	ล	ช	ณ	ห	อ	◌ั	ว	ภ
บ	น	ด	ง	ม	ง	ผ	ผ	◌้	ม	ษ	◌่	ผ	ว	น
ป	น	เ	ท	ะ	ท	ช	ใ	า	ซ	ร	ก	บ	ผ	ส
จ	◌ี	ไ	ง	ต	น	ร	ฝ	ง	ฟ	ป	อ	ศ	ษ	◌ั
ป	◌้	ฝ	ย	แ	า	ไ	แ	◌ี	ป	◌ำ	จ	ะ	ร	ป
ส	ฏ	บ	◌่	น	ฬ	ศ	ต	ว	ร	ร	ษ	ว	ร	ด
ป	◌ี	◌ิ	◌ี	ช	◌ิ	า	ว	ธ	ะ	ข	ก	ฟ	ว	า
ษ	ย	ธ	ท	ข	ก	ค	น	เ	า	ส	ะ	น	ศ	ห
ค	ษ	ว	เ	◌ิ	า	ญ	ญ	ต	น	ธ	จ	ย	ท	◌์
พ	ธ	แ	ซ	บ	น	เ	ม	◌ื	◌่	อ	ว	า	น	เ

ประจำปี
ก่อน
ปฏิทิน
ศตวรรษ
นาฬิกา
วัน
ทศวรรษ
อนาคต
ชั่วโมง
นาที
เดือน
เช้า
กลางคืน
เที่ยง
ตอนนี้
ในไม่ช้า
วันนี้
สัปดาห์
ปี
เมื่อวาน

41 - Buildings

น	ส	ซ	า	ข	ฟ	ม	พ	ภ	ไ	พ	ผ	ม	อ	อ
ค	ท	า	ไ	ม	เ	ห	ะ	โ	ธ	ศ	ธ	ค	ต	พ
น	◌์	ไ	ง	ต	ใ	ส	ท	ร	ห	ห	ย	ค	◌ู	า
ส	น	า	ม	ก	◌ี	ฬ	า	ง	ส	ฟ	ภ	บ	ท	ร
ผ	◌็	ย	พ	า	ช	ฉ	ส	แ	ห	◌้	า	ง	น	◌์
ฟ	ต	ฟ	◌ี	◌ิ	ภ	พ	า	ร	โ	ร	ง	น	า	ท
ภ	เ	ศ	ห	ร	พ	ธ	ร	ม	◌์	ร	า	ฟ	ถ	เ
ส	เ	ใ	ใ	ฝ	เ	◌ิ	ป	โ	ร	ซ	แ	เ	ส	ม
ท	◌ี	◌่	พ	◌ั	ก	ง	ธ	ถ	ร	ง	ร	โ	ห	◌้
ห	อ	ค	อ	ย	ญ	เ	ร	ภ	ร	ง	ศ	ด	บ	น
ห	อ	ด	◌ู	ด	า	ว	ส	โ	◌ั	ง	ล	พ	ท	า
โ	ร	ง	พ	ย	า	บ	า	ล	ซ	ณ	อ	ะ	ว	ง
โ	ร	ง	ภ	า	พ	ย	น	ต	ร	◌์	ฑ	ด	ค	ง
ม	ห	า	ว	◌ิ	ท	ย	า	ล	◌ั	ย	ณ	◌์	แ	ร
ย	ป	ข	พ	ซ	ฟ	ส	ถ	ธ	ษ	ศ	ร	ช	ต	โ

อพาร์ทเม้น
โรงนา
ห้าง
ปราสาท
โรงภาพยนตร์
สถานทูต
โรงงาน
ฟาร์ม
โรงรถ
โรงพยาบาล
ที่พัก
โรงแรม
พิพิธภัณฑ์
หอดูดาว
โรงเรียน
สนามกีฬา
เต็นท์
โรงละคร
หอคอย
มหาวิทยาลัย

42 - Philanthropy

ผ	ข	ว	ร	ภ	ค	ก	ผ	ฉ	ล	ร	ข	ไ	ว	อ
น	ฟ	ก	ร	า	บ	า	ะ	า	ศ	ฉ	ซ	ไ	ย	ผ
◌ุ	ค	ญ	ะ	ร	น	ร	จ	ด	◌ุ	ถ	ไ	ร	◌์	โ
ท	จ	ต	ศ	ก	ษ	เ	ว	◌ิ	ก	ฝ	ช	ท	ต	ป
ง	เ	ข	ต	◌ิ	ญ	ง	ะ	ณ	ร	า	ธ	า	ส	ร
อ	เ	ก	ธ	จ	ด	◌ิ	เ	ธ	า	บ	ด	อ	◌ั	แ
ก	ต	เ	ก	ญ	ซ	น	ป	ถ	ก	ม	ต	อ	อ	ก
ท	◌ั	◌่	ว	โ	ล	ก	◌ั	ช	อ	น	◌้	◌้	◌่	ร
ผ	น	อ	ด	ป	ส	ถ	า	◌ุ	ย	◌ุ	อ	◌ื	◌ื	ม
◌ู	บ	ะ	ก	◌ิ	ฝ	ข	ห	ม	ส	ษ	ง	อ	ซ	◌่
◌้	ค	ม	ย	น	ต	ผ	ม	ช	เ	ย	ก	เ	ม	◌ุ
ค	เ	ย	า	ว	ช	น	า	น	ข	ช	า	ม	า	ล
น	า	ไ	ธ	จ	ไ	บ	ย	ส	ญ	า	ร	า	ว	ก
ค	ว	า	ม	ท	◌้	า	ท	า	ย	ต	แ	ว	ค	ร
ด	พ	น	ส	ร	แ	ต	ฝ	ไ	า	◌ิ	ย	ค	ฟ	พ

ความท้าทาย
การกุศล
ชุมชน
ติดต่อ
บริจาค
การเงิน
กองทุน
ความเอื้ออาทร
ทั่วโลก
เป้าหมาย
กลุ่ม
ความซื่อสัตย์
มนุษยชาติ
ภารกิจ
ต้องการ
ผู้คน
โปรแกรม
สาธารณะ
เยาวชน

43 - Herbalism

เ ถ ต เ ป ช แ ฟ แ อ พ ผ ณ ฉ า
ไ ป โ ร ส แ ม ร ◌ี ◌่ ป ล ◌ู ก ม
ก ช ◌็ ง ษ ถ ม า ร ◌์ โ จ แ ร ม
ผ า ช น ◌่ โ า ก ◌ิ ร อ อ ส ว น
◌ั ช ร ผ ป เ ธ ว ด ต ง ว ภ ต ผ
ก ช โ ท า ร ◌่ ห ย ◌ี ◌่ ด ◌็ ม เ
ช ก ธ ห ◌ำ ษ ะ ม ธ ด อ ก ไ ม ◌้
◌ี ร ห ฝ ร อ ซ โ ม ◌ิ น ต ◌์ ส า
ฝ ะ อ ง ษ ะ า ว ย ◌ี ข เ อ ผ เ
ร เ ม ฝ ข ป พ ห ไ ช ถ ช ล น บ
◌ั ท ะ ว ษ ผ ก า า ง น อ ต ว ศ
◌่ ◌ี ญ ช ◌ิ ต า ช ส ร ก ◌์ น ◌่ ซ
ง ย ล า เ ว น เ ด อ ร ◌์ ร ส า
ฟ ม ท า ร ◌์ ร า ก อ น ธ ไ ไ ข
ฝ ภ ห ญ ◌้ า ฝ ร ◌ั ◌่ น ร อ ธ พ

หอม
โหระพา
เป็นประโยชน์
การทำอาหาร
เม็ดยี่หร่า
รสชาติ
ดอกไม้
สวน
กระเทียม
เขียว

ส่วนผสม
ลาเวนเดอร์
มาร์โจแรม
มินต์
ออริกาโน่
ผักชีฝรั่ง
ปลูก
โรสแมรี่
หญ้าฝรั่น
ทาร์รากอน

44 - Vehicles

ค	น	อ	ส	ธ	ง	ต	เ	ร	ศ	ก	ร	ร	เ	เ
ล	า	◌ี	ฟ	ไ	ง	ถ	ค	ถ	ส	◌ุ	ถ	ไ	ค	ฮ
ษ	ย	ร	ง	ฟ	จ	ฝ	ร	ไ	ก	ท	แ	ภ	ร	ล
แ	ร	เ	า	ด	ผ	ไ	◌ี	ฟ	◌ู	ร	ท	ง	◌ี	◌ิ
พ	ก	ร	ย	ว	ภ	ช	◌่	ไ	◌๊	ร	ร	ก	◌่	ค
ช	◌ั	บ	ถ	ร	า	ณ	อ	ต	ต	บ	ก	า	อ	อ
เ	จ	ท	ก	จ	ซ	น	ง	◌้	เ	ถ	เ	ฟ	ง	ป
แ	ท	◌็	ก	ซ	◌ี	◌่	ย	ด	ต	ร	ต	ม	บ	เ
ก	ก	น	ฟ	ถ	ง	ไ	น	◌ิ	อ	ถ	อ	า	◌ิ	ต
ม	ร	ฝ	ม	จ	ะ	ม	ต	น	ร	พ	ร	ข	น	อ
ล	ถ	ะ	ผ	ซ	บ	ฝ	◌์	จ	◌์	ย	◌์	◌้	ข	ร
ว	ผ	แ	ส	ย	ไ	ถ	ภ	ป	ส	า	ว	อ	ง	◌์
ภ	อ	ไ	ไ	ว	ฉ	ษ	น	ไ	า	บ	ณ	◌ี	ธ	ข
พ	ะ	แ	า	ซ	ย	แ	ส	ง	ฉ	า	ศ	ร	ส	ษ
เ	ร	◌ื	อ	ด	◌ำ	น	◌้	◌ำ	◌์	ล	ม	เ	ถ	ร

เครื่องบิน
รถพยาบาล
จักรยาน
เรือ
รถเมล์
รถ
คาราวาน
เรือข้ามฟาก
เฮลิคอปเตอร์
เครื่องยนต์
แพ
จรวด
สกู๊ตเตอร์
กระสวย
เรือดำน้ำ
รถไฟใต้ดิน
แท็กซี่
ยาง
รถแทรกเตอร์
รถบรรทุก

45 - Flowers

ต	◌์	ร	อ	ด	เ	น	ว	เ	า	ล	ง	ป	ก	ท
ม	ฟ	ะ	น	◌ุ	อ	ล	◌ิ	ล	ล	◌ี	◌่	◌๊	ล	◌ิ
ณ	◌่	เ	ล	พ	ไ	ก	า	ช	ซ	ต	ฝ	อ	◌้	ว
ศ	ไ	ว	ไ	ฉ	ว	ร	ท	ช	อ	ม	พ	ป	ว	ล
า	ห	จ	ง	บ	ณ	ถ	ษ	า	ธ	ค	ว	ป	ย	◌ิ
ไ	ค	ณ	ะ	เ	ะ	ส	ล	บ	น	ป	ห	◌ี	ไ	ป
เ	ด	ซ	◌ี	◌่	ม	ม	ส	ช	◌๋	ต	เ	◌้	ม	ย
ษ	ะ	ผ	ก	อ	า	ะ	ย	ไ	◌ั	ด	ะ	ฉ	◌้	◌ี
ก	ล	◌ี	บ	◌ุ	ร	ล	แ	ค	ต	า	ว	ว	ฝ	ล
ฉ	ส	ท	น	ว	ห	◌ิ	ไ	ม	บ	ว	ญ	ะ	◌ั	เ
ซ	◌์	ร	อ	ว	เ	ล	ค	โ	โ	เ	ญ	ม	พ	น
ผ	ย	ส	ป	แ	ถ	ะ	า	บ	น	ร	ห	เ	เ	โ
ส	ล	ถ	ย	ส	จ	ฟ	า	บ	ญ	◌ื	ฉ	ธ	ญ	ก
ช	◌่	อ	ด	อ	ก	ไ	ม	◌้	ฉ	อ	ท	เ	ศ	ม
น	ห	ข	เ	ส	า	ว	ร	ส	ฟ	ง	า	ภ	ญ	แ

ช่อดอกไม้
ดาวเรือง
โคลเวอร์
เดซี่
พุด
ชบา
มะลิ
ลาเวนเดอร์
ม่วง
ลิลลี่
แมกโนเลีย
กล้วยไม้
เสาวรส
โบตั๋น
กลีบ
ป๊อปปี้
กุหลาบ
ดอกทานตะวัน
ทิวลิป

46 - Health and Wellness #1

ซ	ด	ล	ถ	ม	ญ	จ	ม	ม	ฝ	ผ	ค	ค	แ	ร
ย	ง	แ	ย	ป	แ	ท	ญ	ด	ธ	◌่	ว	ล	บ	◌้
ส	ะ	ท	◌้	อ	น	ฝ	ด	ผ	ถ	อ	า	◌่	ค	า
◌ั	ค	ฝ	พ	จ	เ	ญ	ซ	◌ิ	ไ	น	ม	อ	ท	น
◌ิ	ย	ซ	ง	◌ู	ส	ม	า	ว	ค	ค	ห	ง	◌ี	ข
น	ษ	ป	น	ง	ห	า	ย	ไ	จ	ล	◌ิ	แ	เ	า
ษ	ว	จ	ญ	ส	ล	ษ	ค	ภ	ร	า	ว	ค	ร	ย
ค	ล	◌ิ	น	◌ิ	ก	ก	ซ	ไ	ภ	ย	ะ	ล	◌ี	ย
แ	ก	ภ	ค	ช	ส	◌ั	ร	ว	ไ	น	ล	◌่	ย	า
ช	ต	ร	พ	ก	า	ร	บ	◌ำ	บ	◌ั	ด	ว	ไ	ร
ณ	จ	ก	ะ	ด	ค	ร	ฮ	อ	ร	◌์	โ	ม	น	ไ
ข	ผ	ณ	ห	ด	ท	า	ส	ะ	ร	ป	น	◌้	ส	เ
ห	ล	ต	ฉ	◌ั	◌ู	ก	ญ	ด	ต	พ	ร	ช	ฝ	ท
ว	ม	ซ	ต	ง	ก	ก	ย	แ	ย	ต	ะ	ณ	ศ	ฝ
พ	พ	อ	น	◌ี	◌้	เ	ม	า	◌้	ล	ก	ด	ไ	ธ

คล่องแคล่ว
แบคทีเรีย
กระดูก
คลินิก
หมอ
แตกหัก
นิสัย
ความสูง
ฮอร์โมน
ความหิว
กล้ามเนื้อ
เส้นประสาท
ร้านขายยา
สะท้อน
ผ่อนคลาย
ผิว
การบำบัด
หายใจ
การรักษา
ไวรัส

47 - Town

ด	ม	◌ุ	ส	ง	อ	◌้	ห	แ	ม	ว	ไ	ท	ด	เ
ด	ห	ย	ณ	พ	ด	ด	ว	ธ	ศ	แ	ต	ง	ไ	บ
อ	า	ฟ	◌ี	ก	ม	า	น	ส	ล	พ	ง	ย	ก	เ
ก	ว	ค	ว	ซ	ล	ล	ค	◌์	ถ	ร	ค	ล	บ	ก
ไ	◌ิ	โ	ล	ผ	ฟ	ต	า	ร	า	ค	า	น	ธ	อ
ม	ท	ร	ร	◌ิ	บ	ธ	เ	ต	ต	ะ	ป	า	พ	ร
◌้	ย	แ	ด	ง	น	ข	ฟ	น	ต	ล	อ	◌้	◌ิ	◌ี
ด	า	ข	ก	ญ	แ	◌ิ	◌่	ย	ต	ง	า	ร	พ	◌่
◌ี	ล	ร	ท	ล	แ	ร	ก	พ	ต	ร	เ	ว	◌ิ	ป
ค	◌ั	ณ	ไ	ว	เ	ม	ม	า	ถ	โ	ซ	ง	ธ	ฉ
ไ	ย	ซ	เ	ห	ไ	ล	ต	ภ	า	ศ	ด	า	ภ	ข
ส	น	า	ม	บ	◌ิ	น	อ	ง	ก	ณ	ฝ	ด	◌ั	ผ
ย	ซ	ง	ญ	ท	น	ย	◌ี	ร	เ	ง	ร	โ	ณ	บ
ส	ว	น	ส	◌ั	ต	ว	◌์	โ	◌ี	ค	ซ	ข	ฑ	พ
ร	◌้	า	น	ข	า	ย	ย	า	ค	◌่	ง	ว	◌์	อ

สนามบิน
เบเกอรี่
ธนาคาร
คาเฟ่
โรงภาพยนตร์
คลินิก
ดอกไม้ดี
แกลเลอรี่
โรงแรม
ห้องสมุด
ตลาด
พิพิธภัณฑ์
ร้านขายยา
โรงเรียน
สนามกีฬา
ร้าน
โรงละคร
มหาวิทยาลัย
สวนสัตว์

48 - Antarctica

ก	า	ร	โ	ย	ก	ย	◌้	า	ย	ห	ว	เ	ฟ	ช
า	ป	ส	◌ิ	◌่	ง	แ	ว	ด	ล	◌้	อ	ม	ม	า
ถ	ต	ถ	ภ	◌ู	ม	◌ิ	ป	ร	ะ	เ	ท	ศ	ข	ฆ
ภ	◌ู	ม	◌ิ	ศ	า	ส	ต	ร	◌์	ร	ฟ	บ	ย	ศ
ข	ย	◌ิ	ฉ	ต	ข	ร	ย	◌์	ไ	ธ	ข	ฟ	ว	ผ
พ	อ	ภ	ณ	ม	ผ	ฉ	ศ	ย	ส	ญ	ล	◌ุ	เ	ฟ
ส	ล	◌ู	ถ	ษ	ภ	ต	ป	◌ี	ว	ท	ไ	เ	ร	ข
ก	ม	ห	า	ข	ญ	ช	ฉ	ซ	อ	พ	ฟ	ก	ษ	ข
ท	ย	ณ	เ	น	ก	ว	ว	เ	ว	ช	ณ	อ	ค	ส
ค	ล	◌ุ	ร	ณ	ป	ส	ไ	า	โ	ค	ฟ	น	◌้	◌ำ
เ	ไ	อ	ณ	า	ป	ภ	า	ล	◌่	พ	ไ	ะ	จ	ว
ห	ม	◌ู	◌่	เ	ก	า	ะ	ก	ค	อ	า	ไ	เ	จ
จ	ษ	ล	ซ	ก	า	ร	อ	น	◌ุ	ร	◌ั	ก	ษ	◌์
ก	า	ร	เ	ด	◌ิ	น	ท	า	ง	ค	ย	ณ	ฉ	ศ
ค	า	บ	ส	ม	◌ุ	ท	ร	น	◌้	◌ำ	แ	ข	◌็	ง

อ่าว
นก
เมฆ
การอนุรักษ์
ทวีป
โคฟ
สิ่งแวดล้อม
การเดินทาง
ภูมิศาสตร์
กลาเซียร์
น้ำแข็ง
หมู่เกาะ
การโยกย้าย
คาบสมุทร
ขรุขระ
อุณหภูมิ
ภูมิประเทศ
น้ำ

49 - Ballet

ค	ว	า	ม	เ	ข	◌้	ม	ข	◌้	น	ก	ค	ท	ม
ง	ไ	ไ	ต	ด	น	ป	ห	า	ป	ข	ผ	ก	◌่	ด
จ	ป	แ	อ	น	◌ี	◌้	เ	ม	า	◌้	ล	ก	า	พ
ล	◌ั	ก	อ	ต	น	ก	อ	อ	ง	ด	ส	แ	ท	จ
ช	ญ	ง	ท	ร	ค	◌ิ	น	ค	ท	เ	ง	ฉ	า	ญ
ว	ไ	ย	ห	◌ี	ถ	ท	◌ั	ะ	ข	ส	◌่	ฝ	ง	ญ
น	ง	ฉ	ม	ว	ด	◌ั	ก	ม	ค	◌ี	า	ซ	ถ	ญ
ย	ส	ด	ฝ	ย	ะ	ก	แ	บ	ม	ย	ง	อ	ช	ย
◌ี	น	พ	น	น	พ	ษ	ต	เ	น	ง	า	ช	ร	ล
ร	ภ	แ	ข	ต	ศ	ะ	◌่	ด	◌ั	ป	ม	อ	◌้	ซ
เ	◌ู	ะ	ภ	อ	ร	ผ	ง	◌ี	ก	ร	ช	ศ	ธ	ศ
ท	ม	ป	ฟ	ร	ต	◌ี	เ	◌่	เ	บ	◌้	ถ	ซ	ษ
บ	ะ	ล	แ	ศ	ถ	ว	พ	ย	ต	ม	◌ู	น	บ	ฟ
ไ	ผ	◌ิ	ก	บ	า	แ	ล	ว	◌้	◌ี	ผ	เ	พ	ม
ฟ	บ	ศ	จ	ธ	บ	ย	ง	ไ	น	อ	ห	ไ	ษ	ญ

เสียงปรบมือ
ศิลปะ
ผู้ชม
นักแต่งเพลง
นักเต้น
แสดงออก
ท่าทาง
สง่างาม
ความเข้มข้น
บทเรียน
กล้ามเนื้อ
ดนตรี
วงดนตรี
ซ้อม
จังหวะ
ทักษะ
เดี่ยว
รูปแบบ
เทคนิค

50 - Human Body

ป	า	ก	ห	ย	ไ	ง	ว	จ	ก	ป	ช	ล	า	ฉ
ห	ป	ล	◌ั	า	ว	ฉ	บ	ด	ร	ล	ฝ	พ	ฝ	ช
ษ	◌ั	ฝ	ว	◌้	◌ิ	น	ธ	ฟ	ะ	จ	ฟ	ต	ฟ	ล
จ	ร	ว	ไ	ธ	ผ	ย	ษ	พ	ด	อ	◌ี	ล	เ	ศ
ญ	า	ธ	จ	า	ถ	บ	ญ	ส	◌ู	ถ	ก	ไ	ธ	ด
ข	◌้	อ	เ	ท	◌้	า	ว	ไ	ก	ธ	◌ู	ห	ะ	ง
ง	ท	ช	ซ	เ	ด	ก	ง	อ	ต	ไ	ม	ล	ฉ	ไ
ม	ศ	ด	แ	ร	า	ท	ค	อ	ร	พ	จ	◌่	ร	ซ
ก	ศ	ว	ซ	จ	ค	ณ	ณ	ศ	ม	ซ	ฉ	ฟ	ค	ญ
ต	ง	ซ	า	ข	พ	ไ	ก	ช	ร	ส	ค	ล	ป	ฝ
ข	า	ไ	ต	◌้	ถ	ข	บ	ข	แ	ง	ฟ	า	ช	ผ
ต	◌่	ห	เ	อ	ส	ย	ว	ย	เ	ย	ม	ข	ง	เ
ภ	ข	ม	เ	ศ	ฟ	ก	เ	เ	ง	ฝ	◌ี	ค	ม	บ
ถ	เ	ว	ล	อ	ไ	ข	อ	ด	ห	แ	อ	ย	ส	ช
ห	น	◌้	า	ก	ข	า	ก	ร	ร	ไ	ก	ร	น	ท

ข้อเท้า
เลือด
กระดูก
สมอง
คาง
หู
ข้อศอก
หน้า
นิ้ว
มือ
หัว
หัวใจ
ขากรรไกร
เข่า
ขา
ปาก
คอ
จมูก
ไหล่
ผิว

51 - Musical Instruments

ไ	ไ	ต	ค	ฉ	แ	บ	น	โ	จ	ไ	ร	ป	เ	ร
ม	ว	ข	ไ	ล	ว	ค	ะ	แ	ท	ะ	ฟ	◌ี	ช	ภ
◌้	โ	แ	น	ม	า	บ	ม	◌ิ	ร	า	ม	◌่	ล	ร
ต	อ	ง	ฆ	◌ั	ะ	ร	◌ี	ต	ะ	ป	เ	บ	โ	แ
◌ี	ล	า	ข	ก	ภ	ต	◌ิ	โ	อ	โ	บ	า	ล	ซ
ก	◌ิ	ย	ล	ษ	ล	แ	จ	เ	ส	ม	ส	ส	ฉ	ก
ล	น	ซ	◌ุ	ด	ต	อ	จ	แ	น	ฟ	ภ	ซ	ช	โ
อ	ต	ท	◌่	ผ	ข	า	ง	ท	ต	◌็	บ	◌ู	พ	ซ
ง	ป	ญ	ย	ว	ย	ส	ญ	ม	ไ	ข	ต	น	ป	โ
ฆ	◌้	อ	ง	ง	ย	ซ	น	บ	โ	ม	อ	ร	ท	ฟ
ส	น	ส	ร	ฮ	ศ	ด	ญ	◌ู	ไ	ษ	ล	ษ	ช	น
ส	ท	ด	ภ	ม	า	ภ	ห	ร	◌์	า	ต	◌ี	ก	ช
ญ	ณ	ย	ค	ห	ส	ร	ธ	◌ี	ห	ผ	ป	ซ	ไ	ง
ศ	ล	แ	ห	ภ	ค	ย	◌์	น	โ	ย	◌ี	ป	เ	ข
แ	ม	น	โ	ด	ล	◌ิ	น	ป	ไ	ฉ	ฟ	ค	ด	ค

แบนโจ
ปี่บาสซูน
เชลโล
ตีระฆัง
คลาริเน็ต
กลอง
ไม้ตีกลอง
ขลุ่ย
ฆ้อง
กีตาร์

ฮาร์ป
แมนโดลิน
มาริมบา
โอโบ
เปียโน
แซกโซโฟน
แทมบูรีน
ทรอมโบน
แตร
ไวโอลิน

52 - Fruit

แ	ข	เ	ไ	ษ	ม	ม	ว	ส	ล	ฉ	ฝ	อ	เ	ฟ
ม	อ	ก	ะ	ล	ะ	ม	ะ	ย	ด	ษ	ร	ง	ช	ม
ะ	◌่	ป	ธ	ญ	ว	จ	ค	น	โ	น	◌ั	◌ุ	อ	แ
พ	◌ี	อ	เ	ญ	พ	พ	ซ	◌ี	า	ย	◌่	◌่	ร	อ
ร	ด	ร	ฉ	ป	อ	◌ี	า	ร	ค	ว	ง	น	◌์	ป
◌้	เ	ษ	แ	ว	◌ิ	ภ	ช	า	ว	◌้	ธ	ท	ร	ร
า	ะ	แ	ก	ช	ป	◌้	ว	ท	โ	ล	ย	พ	◌ี	◌ิ
ว	ม	ก	◌ี	ว	◌ี	◌่	ล	ค	า	ก	ธ	ด	◌่	ค
ม	ช	บ	ห	ผ	ฟ	ซ	ล	น	อ	ล	ม	เ	ล	อ
ะ	ร	◌ี	◌่	◌์	ร	อ	บ	เ	ล	พ	ส	ท	◌ู	ท
ม	ร	า	ส	เ	บ	อ	ร	◌์	ร	◌ี	◌่	ศ	ก	บ
◌่	ฉ	ส	◌ั	ป	ป	ะ	ร	ด	ธ	ะ	ฉ	บ	แ	เ
ว	ผ	า	ล	ง	ภ	น	ห	ห	ม	ฝ	ไ	ข	พ	พ
ง	อ	ซ	ช	ข	แ	ป	ข	ก	ล	บ	ไ	ป	ร	ข
ร	ล	ค	ไ	ล	ภ	ไ	ต	า	ศ	ท	ข	ฝ	◌์	ต

แอปเปิ้ล
แอปริคอท
อาโวคาโด
กล้วย
เบอร์รี่
เชอร์รี่
มะพร้าว
มะเดื่อ
องุ่น
ฝรั่ง
กีวี่
มะนาว
มะม่วง
เมลอน
เนคทารีน
มะละกอ
พีช
ลูกแพร์
สัปปะรด
ราสเบอร์รี่

53 - Engineering

ก	ง	ท	ซ	ฟ	ก	ะ	ล	ศ	ท	ณ	ก	ญ	ต	อ
า	แ	ฉ	แ	ต	ะ	ฝ	ว	ล	ห	เ	ง	อ	ข	ภ
ร	ง	ข	ผ	เ	ไ	ณ	ว	น	ำ	ค	ร	า	ก	ศ
ว	ฝ	อ	น	า	ก	ย	า	จ	ะ	ร	ก	ร	า	ก
ั	ไ	ถ	ภ	ฟ	บ	ี	อ	แ	บ	ื	ย	ไ	ช	ก
ด	ไ	ธ	า	เ	ม	ข	ย	ซ	ร	่	โ	ม	ค	า
บ	ฝ	ห	พ	ล	ถ	ุ	ณ	ร	ว	อ	น	ศ	ว	ร
ด	ี	เ	ซ	ล	ร	ห	ม	จ	์	ง	ั	ต	า	ก
ค	ว	า	ม	ม	ั	่	น	ค	ง	จ	ค	แ	ม	่
พ	ล	ั	ง	ง	า	น	แ	ด	ย	ั	ไ	ร	ล	อ
ว	ด	ข	ว	ฟ	พ	เ	พ	ก	ฟ	ก	ผ	ง	ึ	ส
โ	ค	ร	ง	ส	ร	้	า	ง	น	ร	ว	ข	ก	ร
ม	ิ	ต	ิ	า	ก	ต	ถ	ะ	ศ	ค	ต	ั	แ	้
เ	ค	ร	ี	่	อ	ง	ย	น	ต	์	ม	บ	ล	า
ธ	ผ	ญ	ร	ต	พ	ล	ม	ฝ	ป	ซ	แ	ร	ง	ง

มุม
แกน
การคำนวณ
การก่อสร้าง
ความลึก
แผนภาพ
ดีเซล
มิติ
การกระจาย
พลังงาน
เกียร์
คันโยก
ของเหลว
เครื่องจักร
การวัด
เครื่องยนต์
แรงขับ
ความมั่นคง
แรง
โครงสร้าง

54 - Kitchen

ผ	◌ำ	ล	ว	เ	ค	ร	◌ี	◌่	อ	ง	เ	ท	ศ	เ
ศ	◌้	ญ	ณ	น	ก	า	ต	◌้	ม	น	◌้	◌ำ	ธ	ห
ญ	น	า	ณ	อ	ท	ส	ฉ	ว	ไ	พ	า	ญ	เ	ย
ด	ง	ห	เ	◌้	น	◌้	ฝ	ง	ข	ด	ซ	ข	ณ	◌ื
ถ	อ	ผ	ด	ช	แ	อ	น	ห	ศ	ฝ	ะ	ง	ซ	อ
ภ	ฟ	ธ	พ	ส	◌็	ม	ห	ง	ฉ	ม	ค	ส	ค	ก
บ	ร	ก	ะ	ภ	ฝ	ด	◌ี	ม	จ	ถ	ไ	ฟ	ป	ศ
อ	า	ห	า	ร	ก	ต	ป	เ	ซ	อ	ถ	ข	ป	อ
ส	ห	บ	ธ	ร	ก	ห	น	า	ช	า	ม	ภ	ไ	เ
อ	า	ฟ	ค	ล	◌ิ	บ	ย	◌ี	ก	เ	ะ	ต	ท	ต
ห	อ	พ	ฝ	พ	น	อ	◌็	ภ	อ	ษ	ณ	ศ	ร	ซ
ธ	ร	ย	◌่	า	ง	า	เ	ซ	า	บ	ช	ฝ	ไ	ธ
ค	ต	ว	พ	ก	จ	ต	◌้	บ	ท	◌ั	พ	พ	◌ี	ด
ผ	◌ู	◌้	ง	อ	ว	เ	◌ู	ก	ก	จ	ถ	ก	ซ	ถ
ก	ส	ถ	ณ	ฉ	ฟ	ถ	ต	ไ	ฝ	ญ	ฟ	ธ	ศ	ถ

ชาม
ตะเกียบ
ถ้วย
อาหาร
ส้อม
ย่าง
เหยือก
กาต้มน้ำ
มีด
ทัพพี
ผ้าเช็ดปาก
เตาอบ
สูตรอาหาร
ตู้เย็น
เครื่องเทศ
ฟองน้ำ
ช้อน
กิน

55 - Government

ช	า	ห	ท	ว	ค	ป	ณ	พ	ง	อ	ท	ต	ไ	ถ
ก	ฎ	ห	ม	า	ย	◌ำ	เ	ข	ต	น	ผ	อ	ศ	ฝ
ต	◌ุ	ล	า	ก	า	ร	พ	ณ	อ	◌ุ	ร	ไ	ป	ศ
บ	ศ	ว	ข	ล	อ	ต	ศ	◌ู	ว	ส	◌ั	ส	ค	ผ
อ	ท	ะ	ข	ร	ญ	น	เ	ธ	ด	า	ฐ	ง	ว	ด
ก	า	ร	เ	ม	◌ื	อ	ง	ว	า	ว	ด	บ	า	ว
ล	น	ส	ท	ร	ผ	◌ื	ม	า	ช	ร	ไ	ษ	ม	ร
ญ	◌ั	◌ิ	า	ร	ท	ร	ข	ไ	◌่	◌ี	ห	ห	เ	ะ
ะ	ห	อ	ถ	ซ	ะ	เ	ห	บ	ง	ย	ค	ง	ส	ด
น	ว	ว	ม	ณ	พ	ล	ร	ฉ	บ	◌์	อ	ซ	ม	◌ั
จ	◌ั	จ	ท	พ	า	พ	ป	ร	ะ	เ	ท	ศ	อ	บ
ย	ห	เ	ส	ร	◌ี	ภ	า	พ	ไ	บ	ะ	ร	ภ	ช
ร	◌ั	ฐ	ธ	ร	ร	ม	น	◌ู	ญ	ศ	ร	ไ	า	า
ป	ร	ะ	ช	า	ธ	◌ิ	ป	ไ	ต	ย	อ	า	ค	ต
ค	ว	า	ม	ย	◌ุ	ต	◌ิ	ธ	ร	ร	ม	ก	ฉ	◌ิ

พลเรือน
รัฐธรรมนูญ
ประชาธิปไตย
อย่าง
เขต
ความเสมอภาค
อิสระ
ตุลาการ
ความยุติธรรม
กฎหมาย
หัวหน้า
เสรีภาพ
อนุสาวรีย์
ประเทศ
ระดับชาติ
สงบ
การเมือง
คำพูด
รัฐ

56 - Art Supplies

อ	ไ	ณ	ร	ส	ถ	เ	ษ	แ	ว	ช	ข	ต	ล	ง
ณ	บ	ะ	ค	ญ	ค	ไ	ค	ล	◌ิ	◌ิ	ร	ค	ะ	อ
ณ	ฝ	ญ	ภ	ม	ธ	ช	ล	ล	อ	ป	อ	ไ	◌๊	◌้
ด	◌ิ	น	ส	อ	บ	ท	เ	ม	ย	น	ย	ล	ต	ล
ท	ร	ล	ถ	จ	◌ี	จ	ก	อ	◌ี	◌์	ณ	ไ	โ	ก
ข	ฝ	ท	ศ	พ	า	ส	◌้	ว	ด	ถ	ค	ภ	◌ำ	◌ึ
ก	ก	ร	ะ	ด	า	ษ	า	ห	เ	ฝ	ห	ว	◌้	ม
ย	า	ง	ล	บ	ษ	ล	อ	ะ	อ	ฝ	ว	ห	น	ห
ผ	ญ	◌้	ช	ต	ง	ะ	◌ี	ท	ไ	ร	ง	อ	ม	น
ไ	น	◌ั	ค	ค	น	ร	◌้	ฉ	ะ	ถ	ช	ธ	◌ั	ย
ช	ร	ต	ส	◌ี	น	◌้	◌ำ	อ	น	ศ	◌่	ว	◌ำ	ห
ฝ	ธ	า	ฟ	ผ	ไ	ล	ซ	ณ	ด	ญ	แ	า	◌้	า
ภ	ร	ข	ว	ณ	า	บ	แ	จ	ฟ	อ	ป	ก	น	ท
ฝ	ฉ	ข	พ	ธ	ม	ม	ะ	ม	ญ	ล	ร	ว	ษ	เ
ข	ถ	น	ญ	ญ	ง	ภ	ค	ภ	ค	ะ	ง	ส	พ	ถ

อะคริลิค
แปรง
กล้อง
เก้าอี้
ถ่าน
เคลย์
สี
ขาตั้ง
ยางลบ
กาว
ไอเดีย
หมึก
น้ำมัน
กระดาษ
พาส
ดินสอ
โต๊ะ
น้ำ
สีน้ำ

57 - Science Fiction

ส ด ◌ิ ส โ ท เ ป ◌ี ย ม ษ ะ ม เ
ห ◌ุ ค ว ะ แ า ถ ย ษ ศ ว ะ ห ท
โ น ด ช ญ ณ ฉ ษ ป ฝ ป ย ว ◌ั ค
ห ร ◌ั ข บ ว ฟ ไ ◌ี ล ค ห ส ศ โ
◌ุ ณ ง ง ◌ี ส า ร เ ค ม ◌ี ◌ิ จ น
◌่ ย ว ภ ส ด ผ ษ ท ก ไ า ท ร โ
น ◌่ ผ ฟ า ◌ี ภ ไ โ ซ ช ฟ ธ ร ล
ย ◌ี ช ร ไ พ อ ฟ ◌ู จ ฟ อ ◌ิ ย ย
น ซ ภ ฉ ไ ฝ ย ว ย ศ ย เ ◌์ ◌์ ◌ี
ต ก ล โ จ า อ น ณ ศ ธ พ น ภ ค
◌์ ล ญ ฟ จ ฟ อ พ ต ง ณ ◌้ ผ ณ ษ
ผ แ ฉ ท ซ ข ถ ฟ อ ร ม อ ต ะ อ
ด า ว เ ค ร า ะ ห ◌์ ◌์ ฝ ร จ ป
เ ก อ ต ข ธ อ ฉ เ บ ล ◌ั ก ◌ื ล
ภ า พ ล ว ง ต า ต ค า น อ ซ ไ

อะตอม
หนังสือ
สารเคมี
โรงภาพยนตร์
ดิสโทเปีย
สุดขีด
มหัศจรรย์
ไฟ
อนาคต
กาแลกซี่
ภาพลวงตา
เพ้อฝัน
ลึกลับ
สิทธิ์
ดาวเคราะห์
หุ่นยนต์
เทคโนโลยี
ยูโทเปีย
โลก

58 - Geometry

ภ	ณ	ไ	ม	◌ุ	ม	แ	ช	ผ	ไ	ไ	ซ	พ	เ	ภ
ป	ว	ญ	ว	◌ั	ท	ฤ	ษ	ฎ	◌ี	ษ	ร	◌ี	ท	บ
ข	น	า	น	ธ	ธ	ส	ม	ม	า	ต	ร	◌้	อ	ฉ
ล	◌ำ	ง	ฟ	จ	บ	ย	ท	ะ	ม	พ	า	น	น	ง
เ	ค	ต	ช	ณ	พ	ต	ฐ	ว	ว	ป	ก	ผ	เ	ร
ว	ร	ข	ร	ผ	ศ	ศ	ไ	า	ข	ส	ม	◌ิ	ง	ฝ
◌ั	า	แ	ม	ร	เ	ะ	ท	ณ	น	พ	ส	ว	◌้	ธ
ต	ก	ช	ข	ศ	ก	ศ	ญ	น	ว	ส	◌่	ด	◌ั	ส
ท	เ	ณ	จ	ะ	ซ	ะ	า	ม	◌่	ซ	ถ	น	ต	ว
ณ	ช	ง	แ	น	ว	น	อ	น	ส	ฟ	ศ	ง	ว	ง
ห	ท	ส	า	ม	เ	ห	ล	◌ี	◌่	ย	ม	ว	น	ห
ถ	ม	ง	◌ู	ส	ม	า	ว	ค	ต	ล	ธ	ง	แ	ธ
ต	ด	ห	ษ	ช	ค	ว	ม	◌ิ	ต	◌ิ	ร	ก	ส	ท
ล	ร	น	ง	ซ	ฉ	ว	ล	ณ	า	ข	แ	ล	ส	ง
ต	เ	ส	◌้	น	โ	ค	◌้	ง	ฝ	ง	ต	ม	ท	ส

มุม
การคำนวณ
วงกลม
เส้นโค้ง
มิติ
สมการ
ความสูง
แนวนอน
ตรรกะ
มวล
มัธยฐาน
ตัวเลข
ขนาน
สัดส่วน
ส่วน
พื้นผิว
สมมาตร
ทฤษฎี
สามเหลี่ยม
แนวตั้ง

59 - Creativity

ง	เ	ค	ป	ะ	ป	ล	◌ิ	ศ	ท	ร	ต	ไ	พ	ธ
ค	ป	ว	ผ	ฟ	ห	ร	ช	ธ	อ	◌ั	ซ	ว	ซ	ท
ว	ล	า	ต	ผ	บ	ด	◌ี	ฝ	ล	ะ	ก	ฟ	ล	ฝ
า	◌ี	ม	ษ	ไ	ห	ม	ย	ช	ล	ท	อ	ษ	ล	แ
ม	◌่	ป	น	า	ก	ภ	◌ี	ะ	า	ง	อ	ค	ะ	ท
เ	ย	ร	จ	ใ	ล	า	ด	น	◌ั	บ	ง	ร	แ	◌้
ข	น	ะ	เ	ด	ญ	พ	เ	ว	ผ	ซ	ด	า	พ	พ
◌้	ม	ท	ด	บ	ร	ณ	อ	ภ	ท	ฝ	ส	ก	ผ	ว
ม	ไ	◌ั	◌ั	ห	ษ	า	ไ	ไ	ะ	น	แ	า	ภ	ว
ข	ห	บ	ช	ฝ	◌์	ณ	ม	ร	า	อ	ร	น	ซ	ไ
◌้	ล	ใ	ม	พ	ล	◌ั	ง	◌่	ไ	ฉ	า	ต	ส	ใ
น	ห	จ	า	ห	ว	ส	า	น	า	ะ	ก	น	เ	ธ
ม	บ	ค	ว	บ	ภ	ล	น	◌ิ	ม	◌ิ	ต	◌ิ	แ	ศ
ภ	ล	ไ	ค	ป	ร	ะ	ด	◌ิ	ษ	ฐ	◌์	จ	ว	ภ
โ	ด	ย	ธ	ร	ร	ม	ช	า	ต	◌ิ	ต	เ	ส	ถ

ศิลปะ
แท้
เปลี่ยน
ความชัดเจน
ดราม่า
อารมณ์
การแสดงออก
ไหล
ไอเดีย
ภาพ
จินตนาการ
ความประทับใจ
แรงบันดาลใจ
ความเข้มข้น
ปรีชา
ประดิษฐ์
ทักษะ
โดยธรรมชาติ
นิมิต
พลัง

60 - Airplanes

เ	ก	ป	ร	ะ	ว	ั	ต	ิ	ศ	า	ส	ต	ร	์
ค	ง	า	ร	้	ส	อ	่	ก	ร	า	ก	อ	บ	เ
ร	ไ	แ	ร	ผ	ู	้	โ	ด	ย	ส	า	ร	ร	ช
ื	ฮ	จ	า	ผ	บ	ท	บ	น	เ	บ	บ	ื	ร	ื
่	โ	ล	า	ล	จ	ธ	่	ฝ	ก	บ	ไ	เ	ย	้
อ	ด	ั	พ	บ	ใ	ญ	ว	า	ต	ศ	า	ก	า	อ
ง	ร	ษ	ว	อ	ฉ	ง	ภ	ท	เ	ห	ไ	ู	ก	เ
ย	เ	ว	ม	ถ	ว	ป	พ	ั	้	ร	ะ	ล	า	พ
น	จ	อ	ร	ค	บ	ช	ต	ส	ย	อ	ี	ซ	ศ	ล
ต	น	น	อ	อ	ก	แ	บ	บ	น	ธ	ง	อ	ษ	ิ
์	ป	บ	ซ	ค	า	ะ	น	า	ไ	ร	ซ	ฝ	น	ง
ะ	ป	ิ	ม	ะ	ป	ฟ	แ	ป	เ	ง	ย	ถ	้	พ
ล	ู	ก	โ	ป	่	ง	ู	ส	ม	า	ว	ค	า	า
ไ	ก	ั	ร	ะ	ด	ั	บ	ค	ว	า	ม	ส	ู	ง
ก	ม	น	ก	า	ร	ต	ก	ท	อ	ด	ห	ข	เ	ล

การผจญภัย
อากาศ
ระดับความสูง
บรรยากาศ
ลูกโป่ง
การก่อสร้าง
ลูกเรือ
การตกทอด
ออกแบบ
เครื่องยนต์
เชื้อเพลิง
ความสูง
ประวัติศาสตร์
ไฮโดรเจน
ท่าเรือ
ผู้โดยสาร
นักบิน
ใบพัด
ท้องฟ้า

61 - Ocean

ะ	ด	ฟ	เ	ก	ล	◌ี	อ	ป	ง	ป	ง	ฬ	อ	ภ
ม	เ	บ	ค	ข	อ	ส	เ	อ	ล	ห	ไ	า	ล	ป
ห	อ	ย	น	า	ง	ร	ม	า	ณ	า	ต	ว	ธ	ช
ไ	อ	ถ	ผ	ส	ค	ไ	อ	ป	า	ง	ว	ข	า	ซ
ษ	อ	น	◌้	◌ำ	ข	◌ึ	◌้	น	น	◌้	◌ำ	ล	ง	ฟ
แ	ค	ไ	อ	ซ	ช	ย	ผ	ษ	า	ไ	า	ช	ผ	า
ฟ	ม	า	ล	ฉ	ผ	ณ	ค	ท	ภ	ส	บ	เ	ษ	ษ
อ	ร	ง	ษ	◌์	ก	ย	◌ั	ก	◌ึ	ม	ห	า	ล	ป
ง	◌้	◌ุ	ก	ท	ห	ก	ช	ง	ห	ถ	ญ	◌่	แ	ะ
น	า	ค	ว	ะ	ส	า	ห	ร	◌่	า	ย	ต	น	ก
◌้	ว	ป	ธ	ก	พ	ผ	ไ	ฝ	ร	ฝ	ถ	เ	ณ	า
◌ำ	ฟ	ถ	◌ู	ฟ	◌ี	ร	ป	ล	า	โ	ล	ม	า	ร
ค	ะ	ค	ฉ	ร	ณ	ม	◌ุ	ย	า	พ	ย	ง	ล	◌ั
พ	ผ	ญ	ร	ย	ผ	ญ	ถ	น	◌่	◌ี	ล	ค	ธ	ง
ถ	ท	ไ	ห	ภ	ท	ก	อ	ท	◌ู	น	◌่	า	ท	ด

สาหร่าย
ปะการัง
ปู
ปลาโลมา
ปลาไหล
ปลา
แมงกะพรุน
ปลาหมึกยักษ์
หอยนางรม
รีฟ
เกลือ
ฉลาม
กุ้ง
ฟองน้ำ
พายุ
น้ำขึ้นน้ำลง
ทูน่า
เต่า
คลื่น
วาฬ

62 - Force and Gravity

ถ	ก	ฟ	ะ	แ	ภ	ห	ห	ม	ข	ช	ห	ท	ณ	ก
น	ล	บ	ท	ะ	ร	ก	ล	ผ	ฟ	ธ	ต	ช	ย	ย
ะ	ศ	พ	น	ร	แ	ง	า	ล	ก	ย	์	น	ู	ศ
ค	า	น	้	จ	ะ	ต	เ	พ	ล	ว	ั	ต	พ	เ
ว	ส	้	ำ	ค	ซ	ย	ท	ส	์	ก	ส	ิ	ิ	ฟ
า	ต	ค	ห	โ	บ	ม	ะ	ว	ี	เ	ง	ม	น	ถ
ม	ร	ร	น	ง	ถ	จ	แ	ท	ณ	ย	น	ป	ั	น
เ	์	า	ั	ว	ต	ว	ษ	ม	า	ซ	ด	แ	ด	ะ
ร	ศ	ก	ก	ไ	ช	ฟ	ต	ไ	่	ง	ไ	ท	ม	ม
็	ค	ุ	ณ	ส	ม	บ	ั	ต	ิ	เ	ท	ท	า	ศ
ว	ั	ต	ย	า	ย	ข	ร	า	ก	แ	ห	ต	ว	น
ผ	ข	อ	ต	อ	บ	ซ	ไ	ต	บ	ะ	จ	ล	ค	ก
ค	ด	ฝ	ง	ส	า	ก	ล	เ	ว	ล	า	น	็	แ
โ	ม	เ	ม	น	ต	ั	ม	ล	ง	ข	ต	ไ	ถ	ก
ก	า	ร	เ	ค	ล	ี	่	อ	น	ไ	ห	ว	ญ	า

แกน
ศูนย์กลาง
การค้นพบ
ระยะทาง
พลวัต
การขยายตัว
แรงเสียดทาน
ผลกระทบ
แม่เหล็ก
กลศาสตร์
โมเมนตัม
การเคลื่อนไหว
วงโคจร
ฟิสิกส์
ความดัน
คุณสมบัติ
ความเร็ว
เวลา
สากล
น้ำหนัก

63 - Birds

ะ	น	ค	แ	◌ู	ท	ณ	ษ	ข	ย	ะ	จ	ไ	ผ	ผ
ส	ก	ค	ง	ป	น	า	ง	น	ว	ล	ว	ช	น	ฟ
ษ	ย	ณ	พ	น	ษ	ญ	ด	พ	า	ส	ะ	ร	ก	ม
ย	◌ู	เ	แ	ก	อ	จ	ะ	ร	ก	◌่	เ	ป	◌็	ด
น	ง	ฟ	ก	แ	ณ	ค	ม	ศ	น	ซ	ห	ษ	ธ	เ
◌ิ	ก	จ	ฟ	ก	ฟ	ล	า	ม	◌ิ	ง	โ	ก	ล	พ
ว	ธ	ก	◌ี	◌้	น	ก	ก	า	เ	ห	ว	◌่	า	น
ก	ภ	ภ	ร	ว	ซ	พ	อ	ฝ	ส	เ	ไ	ท	ง	ก
น	ก	ก	า	ะ	◌์	ร	ฉ	ข	ง	ฟ	บ	ก	ญ	ก
พ	ด	ข	น	ก	ส	ม	ไ	ะ	เ	ถ	ข	ช	◌่	ร
เ	ไ	ฉ	า	ไ	ง	า	ข	ศ	า	ด	ก	ส	อ	ะ
ไ	ะ	ว	ค	ไ	ห	ผ	◌่	ผ	ญ	ศ	า	ป	ฉ	ท
ส	จ	ซ	ร	ท	อ	◌ิ	น	ท	ร	◌ี	ห	ท	ภ	◌ุ
ไ	ส	ท	ษ	ะ	พ	ด	ไ	อ	◌ี	ก	า	อ	ภ	ง
น	ก	ก	ร	ะ	จ	อ	ก	เ	ท	ศ	ษ	ศ	ไ	จ

คานารี
ไก่
อีกา
นกกาเหว่า
เป็ด
อินทรี
ไข่
ฟลามิงโก
ห่าน
นางนวล
กระสา
นกกระจอกเทศ
นกแก้ว
นกยูง
นกกระทุง
เพนกวิน
กระจอก
นกกระสา
หงส์
ทูแคน

64 - Nutrition

แ	เ	ส	ญ	ห	ซ	ห	ห	ฝ	ด	ก	ส	ค	ส	ค
ไ	ข	ไ	บ	ษ	ด	บ	จ	ล	แ	า	ม	า	า	ว
ศ	บ	◌็	จ	แ	พ	ญ	ณ	ไ	ต	ร	ด	ร	ร	า
ต	ฟ	ะ	ง	ก	◌ิ	น	ไ	ด	◌้	ย	◌ุ	◌์	อ	ม
ส	อ	ซ	ข	แ	เ	ง	ภ	ห	ะ	◌่	ล	โ	า	ก
◌ุ	ว	ไ	◌่	◌ี	ร	อ	ล	ค	แ	อ	ด	บ	ห	ร
ข	ถ	ะ	แ	ซ	ษ	ง	ไ	อ	ญ	ย	ศ	ไ	า	ะ
ภ	ซ	ภ	ค	น	น	ม	◌ิ	า	ต	◌ิ	ว	ฮ	ร	ห
า	ฝ	ม	ม	จ	โ	ข	ม	ห	ช	ก	ก	เ	ก	า
พ	า	ภ	ณ	◌ุ	ค	ป	ด	า	ข	ข	น	ด	า	ย
ข	ญ	อ	ภ	ไ	แ	ผ	ร	ร	ณ	ไ	◌ิ	ร	ร	ข
ท	ช	ณ	ณ	ฉ	ฉ	ร	จ	ต	ค	ง	ส	ต	ห	ฟ
น	◌ั	◌ำ	ห	น	◌ั	ก	ด	ษ	◌ี	ส	◌ั	เ	ม	ค
ม	ย	ฉ	ณ	ร	ส	ช	า	ต	◌ิ	น	ย	ว	◌ั	ช
ธ	จ	า	ย	อ	ต	เ	อ	า	ข	พ	ด	ถ	ก	ษ

ความกระหาย
สมดุล
ขม
แคลอรี่
คาร์โบไฮเดรต
อาหาร
การย่อย
กินได้
การหมัก
รสชาติ
นิสัย
สุขภาพ
แข็งแรง
สารอาหาร
โปรตีน
คุณภาพ
ซอส
พิษ
วิตามิน
น้ำหนัก

65 - Hiking

ร	อ	ง	เ	ท	◌้	า	บ	◌ู	ท	แ	ษ	ะ	ด	ณ
ผ	ษ	ณ	◌ุ	ส	ภ	า	พ	อ	า	ก	า	ศ	ด	ณ
ณ	ซ	ย	ต	ย	ท	บ	ฉ	ก	า	ห	ณ	ฟ	ส	ค
ต	เ	ศ	ว	ข	จ	เ	บ	◌ำ	◌้	น	ฝ	ก	ฝ	ฟ
ล	ป	า	ห	ณ	ด	ธ	อ	อ	ไ	◌ั	ข	า	ธ	ศ
ห	◌่	ก	ย	อ	◌่	◌ื	น	ห	เ	ก	ข	ร	ก	ธ
ป	า	า	า	ห	◌ิ	น	อ	อ	ะ	ว	◌์	ต	◌ั	ส
เ	ฐ	อ	ร	ห	น	◌้	า	ผ	า	ห	อ	ร	ค	ศ
พ	ภ	ม	ต	แ	ผ	น	ท	◌ี	◌่	ล	ท	ะ	◌ำ	ต
ป	ผ	◌ิ	น	ภ	◌ู	เ	ข	า	ผ	ห	ภ	เ	แ	ภ
ต	เ	◌ู	◌ั	◌ิ	ต	า	ช	ม	ร	ร	ธ	ต	น	ท
ข	ร	ภ	อ	ฉ	เ	พ	ณ	ล	น	ส	บ	ร	ะ	ท
ผ	ว	ข	ผ	ไ	ณ	ท	แ	อ	ส	ห	ฝ	◌ี	น	ฝ
ฝ	ไ	ญ	ป	ช	ฟ	ก	ศ	ะ	อ	แ	ะ	ย	◌ำ	ข
ด	ว	ง	อ	า	ท	◌ิ	ต	ย	◌์	ช	น	ม	ญ	ไ

สัตว์
รองเท้าบูท
หน้าผา
ภูมิอากาศ
คำแนะนำ
อันตราย
หนัก
แผนที่
ยุง
ภูเขา
ธรรมชาติ
ปฐมนิเทศ
การตระเตรียม
หิน
ดวงอาทิตย์
เหนื่อย
น้ำ
สภาพอากาศ
ป่า

66 - Professions #1

พ ล ง ช น ◌ั ก เ ต ◌้ น ม า ฟ น
น ย ผ ผ ◌่ ณ ผ ม อ ป โ ร ะ ล า
◌ั เ า ป ธ า ห พ ห บ ร ค า ว ย
ก อ ย บ ร ข ง แ ห พ ง ส ◌้ ถ ธ
ด ก ท ช า ไ ท ต ฟ อ ล ห ห ช น
า อ ว ◌่ ก ล น ฮ ◌ั ญ ◌ิ ฉ ฟ ญ า
ร ◌ั ◌ิ า ◌ิ ศ า ◌ั ก ด พ ย ข ภ ค
า ค ณ ง ธ ก ย น ง ะ เ พ ต ย า
ศ ร ◌ี ป า ะ ค เ ร ร บ ส ฉ ล ร
า ร ร ร ณ ล ว ต ช แ ◌ั น ◌ี ญ ถ
ส า ธ ะ ร า า อ ม ห ด ษ ด ◌้ บ
ต ช ก ป ร ส ม ร อ ◌ั ญ ม ณ ◌ี อ
ร ท ◌ั า บ ◌ี ร ◌์ ท แ ซ ไ ฟ ม ช
◌์ ◌ู น ท า ป น ◌ั ก ด น ต ร ◌ี จ
า ต น ◌ั ก เ ป ◌ี ย โ น ห ค ข พ

เอกอัครราชทูต
นักดาราศาสตร์
ทนายความ
นายธนาคาร
โค้ช
นักเต้น
หมอ
บรรณาธิการ
ดับเพลิง
นักธรณีวิทยา
ฮันเตอร์
อัญมณี
นักดนตรี
พยาบาล
นักเปียโน
ช่างประปา
กะลาสี
ช่างตัดเสื้อ

67 - Barbecues

ค	ล	ศ	ท	เ	อ	◌ื	ข	เ	ะ	ม	ไ	แ	อ	ฤ
ค	ร	อ	บ	ค	ร	◌ั	ว	พ	ร	ล	ด	ศ	า	ด
เ	ญ	ศ	ญ	ธ	ข	ร	ผ	◌ี	ฝ	ซ	อ	เ	ห	◌ู
ด	◌ั	ล	ส	ธ	ฝ	ป	ล	◌่	ก	ไ	พ	ะ	า	ร
น	อ	◌้	ร	ะ	ก	เ	ไ	อ	◌ื	ล	ก	เ	ร	◌้
ต	บ	ม	ส	ค	ด	◌ี	ม	น	ท	ซ	◌ั	ฉ	เ	อ
ร	ร	ก	◌้	จ	ว	เ	◌้	ก	ฉ	ย	ผ	ถ	ย	น
◌ี	ไ	น	อ	ม	ฝ	า	ไ	ง	เ	ซ	อ	ส	◌็	ช
ม	ไ	ส	ม	ภ	ฟ	ว	ม	ห	ป	ล	ธ	บ	น	ร
อ	ง	ร	ป	ห	น	ษ	พ	ห	ว	ช	ธ	ว	ไ	ต
ภ	อ	า	ห	า	ร	ษ	อ	ด	◌ิ	เ	ไ	ะ	ย	ห
ญ	ด	ซ	◌่	ท	ภ	บ	ณ	ญ	พ	ว	ร	ส	ช	า
ว	ผ	อ	ะ	ย	ไ	ง	ด	ธ	แ	ร	ภ	เ	ง	บ
ย	ส	ค	อ	า	ห	า	ร	ก	ล	า	ง	ว	◌ั	น
ค	ณ	ท	ล	ป	ว	ผ	ช	ค	ญ	ถ	ณ	ฝ	ท	ล

ไก่
อาหารเย็น
ครอบครัว
อาหาร
ส้อม
เพื่อน
ผลไม้
เกม
ย่าง
ร้อน
ความหิว
มีด
อาหารกลางวัน
ดนตรี
สลัด
เกลือ
ซอส
ฤดูร้อน
มะเขือเทศ
ผัก

68 - Chocolate

ม	ล	ษ	ถ	ช	ท	ซ	แ	ง	ไ	ษ	ฉ	ร	ฉ	ล
อ	ะ	◌ู	ห	เ	ง	ป	ป	ฟ	ข	แ	ร	ห	ไ	ส
ห	ญ	พ	ก	า	ะ	ฟ	ล	ษ	ม	ก	ส	ป	ร	บ
น	ช	ส	ร	อ	ผ	ธ	ก	อ	น	◌้	◌ำ	ต	า	ล
◌่	◌่	◌่	า	◌้	ม	ศ	ไ	ห	ไ	ซ	ง	ค	แ	ป
◌ิ	า	ว	ห	ก	า	เ	ห	ต	ว	◌่	◌ั	ถ	ฟ	ศ
ล	ง	น	า	โ	ไ	ว	ม	ธ	พ	า	ภ	ณ	◌ุ	ค
ก	ฝ	ผ	อ	ก	ร	ส	◌่	น	ล	ฉ	น	◌ิ	ก	พ
ะ	◌ี	ส	ร	โ	ไ	ป	น	ไ	ม	ฝ	จ	ภ	ส	ง
ผ	ม	ม	ต	ด	ค	อ	ฉ	จ	เ	อ	ร	◌่	อ	ย
ถ	◌ี	ด	◌ู	ห	ห	ร	ส	ช	า	ต	◌ิ	พ	ก	ฟ
ฝ	อ	จ	ส	แ	ไ	เ	◌่	◌ี	ร	อ	ล	ค	แ	ช
ด	ไ	ฉ	ป	ม	ณ	ต	ป	ม	า	ด	ญ	ค	ว	พ
ธ	ข	บ	ด	จ	พ	ณ	ว	ฟ	ค	ฝ	ณ	ธ	ษ	ษ
ท	◌ี	◌่	ช	◌ี	◌่	น	ช	อ	บ	ช	ซ	บ	ท	ช

กลิ่นหอม
ช่างฝีมือ
ขม
โกโก้
แคลอรี่
ลูกอม
คาราเมล
มะพร้าว
อร่อย
แปลกใหม่
ที่ชื่นชอบ
รสชาติ
ส่วนผสม
ถั่ว
คุณภาพ
สูตรอาหาร
น้ำตาล
หวาน
รส
กิน

69 - Vegetables

ซ	ป	ด	บ	ข	ไ	แ	ค	ร	อ	ท	ผ	ร	ห	ป
บ	ง	พ	ง	ม	◌ื	ซ	ฉ	ธ	อ	ผ	◌ั	ม	◌ั	ธ
ไ	ไ	ภ	ด	ผ	ะ	◌้	ไ	ภ	ก	ม	ก	ะ	ว	ณ
ย	ส	ไ	ง	ซ	ษ	อ	น	ธ	ฟ	ผ	โ	เ	ไ	ร
บ	ง	ล	อ	ไ	ก	บ	พ	ฉ	า	ข	ข	ข	ช	พ
ข	ร	บ	◌ั	บ	ถ	เ	เ	ข	◌่	ฝ	ม	◌ี	เ	ม
◌ิ	◌ั	อ	ถ	ด	◌็	ห	เ	ท	ฉ	า	ม	อ	ท	ป
ง	◌่	เ	ก	แ	ต	ง	ก	ว	า	ก	ย	เ	◌้	ม
อ	ฝ	จ	ม	โ	ะ	ย	ฟ	◌่	ธ	ะ	◌ี	ท	า	ะ
ท	ช	ไ	ส	ไ	ค	ก	ข	◌ั	ธ	ห	ท	ศ	ญ	เ
ก	◌ี	เ	ธ	ย	ณ	ล	ร	ถ	ว	ล	เ	จ	ธ	ข
◌ั	ก	ม	น	อ	ล	ล	◌ี	ภ	พ	◌่	ะ	ญ	พ	◌ี
ฟ	◌ั	อ	า	ต	◌ิ	โ	ช	◌๊	ค	◌ำ	ร	ะ	ข	อ
ญ	ผ	ห	◌ั	ว	ห	อ	ม	ข	ไ	น	ก	ษ	ซ	ค
ช	ห	◌ั	ว	ผ	◌ั	ก	ก	า	ด	า	พ	ป	ป	บ

อาติโช๊ค
บรอกโคลี
แครอท
กะหล่ำ
ขึ้นฉ่าย
แตงกวา
มะเขือ
กระเทียม
ขิง
เห็ด
หัวหอม
ผักชีฝรั่ง
ถั่ว
ฟักทอง
หัวไชเท้า
สลัด
หอม
ผักโขม
มะเขือเทศ
หัวผักกาด

70 - The Media

ก	า	ร	ส	◌ี	◌่	อ	ส	า	ร	บ	ฟ	ญ	พ	ก
ห	ข	ฟ	ค	ว	า	ม	เ	ห	◌็	น	ต	จ	ล	ว
น	อ	ษ	ข	ท	ญ	ล	ค	ค	◌ุ	บ	ย	า	ร	◌ิ
◌ั	◌ุ	ฉ	◌้	◌้	ญ	แ	ด	ถ	โ	ฆ	ษ	ณ	า	ท
ง	ต	ท	อ	อ	ป	ภ	ค	ธ	ย	ไ	ร	ะ	ส	ย
ส	ส	◌ุ	เ	ง	◌ั	ด	ง	ไ	ห	น	ป	ญ	ย	◌ุ
◌ี	า	น	ท	ถ	◌ิ	เ	◌ิ	ท	◌ั	ศ	น	ค	ต	◌ิ
อ	ห	ธ	◌็	◌ิ	ต	ด	ค	จ	ฉ	ล	ป	ฝ	◌ิ	ญ
พ	ก	ฟ	จ	◌่	ส	ผ	ใ	ร	◌ิ	เ	ศ	บ	น	ง
◌ิ	ร	ท	จ	น	ช	ร	จ	ง	◌ี	ท	บ	ล	ย	ท
ม	ร	ฟ	ร	◌์	น	ล	ไ	น	อ	อ	◌ั	ไ	า	ม
พ	ม	ห	◌ิ	ย	จ	ผ	บ	อ	ญ	ต	ข	ล	อ	ว
◌์	า	ล	ง	ก	า	ร	ศ	◌ึ	ก	ษ	า	◌่	บ	ฟ
ะ	ษ	ภ	ส	า	ธ	า	ร	ณ	ะ	ญ	ย	ะ	า	ง
ค	ฉ	บ	◌ั	บ	ไ	ฝ	ล	ฟ	ณ	แ	ท	ไ	ศ	ย

ทัศนคติ
โฆษณา
การสื่อสาร
ดิจิทัล
ฉบับ
การศึกษา
ข้อเท็จจริง
ทุน
ภาพ
รายบุคคล
อุตสาหกรรม
สติปัญญา
ท้องถิ่น
นิตยสาร
เครือข่าย
หนังสือพิมพ์
ออนไลน์
ความเห็น
สาธารณะ
วิทยุ

71 - Boats

ค	ไ	ธ	ณ	ร	ท	◌ุ	ม	ส	า	ห	ม	ช	ต	ก
ถ	า	ง	ไ	ข	ะ	ง	ล	ะ	เ	า	ค	ฝ	อ	า
ไ	ณ	ย	ข	ว	เ	พ	ร	ฝ	ค	ส	แ	พ	ฉ	ฟ
ข	ฟ	ต	◌ั	ม	ล	เ	ะ	ท	ร	ม	ช	ช	ช	ม
า	ณ	ล	อ	ค	ส	า	ฝ	น	◌ื	อ	จ	◌ี	ษ	า
ถ	ข	ข	◌ี	ส	า	ล	ะ	ก	◌่	ว	า	ช	ส	ข
ฉ	ฉ	ศ	ง	า	บ	ว	ษ	พ	อ	ก	ภ	◌ู	บ	◌้
ฟ	เ	ร	◌ื	อ	ไ	บ	ด	จ	ง	น	อ	อ	ย	อ
ค	ป	อ	เ	ม	จ	ด	ญ	ท	ย	ต	ร	◌ี	ญ	◌ื
ไ	ล	ร	ส	ธ	◌ำ	จ	ว	ป	น	ห	◌ื	ร	ช	ร
ห	ค	◌ี	า	ไ	น	จ	ต	พ	ต	ญ	เ	เ	ก	เ
ญ	ไ	เ	◌่	◌ู	◌้	อ	ข	า	◌์	บ	ก	ภ	ท	พ
า	ษ	า	ป	น	◌่	◌ุ	ท	ต	ท	ส	◌ู	ฟ	ล	ก
ส	ห	◌่	ข	ค	ม	ง	ซ	ธ	ถ	ผ	ล	ด	ย	า
พ	ย	ท	พ	แ	แ	เ	ร	◌ื	อ	ย	อ	ช	ท	◌์

สมอ
ทุ่น
แคนู
ลูกเรือ
ท่าเรือ
เครื่องยนต์
เรือข้ามฟาก
คายัค
ทะเลสาบ
เรือชูชีพ
เสา
มหาสมุทร
แพ
แม่น้ำ
เชือก
เรือใบ
กะลาสี
ทะเล
คลื่น
เรือยอชท์

72 - Driving

ค	ว	า	ม	เ	ร	◌็	ว	ต	ค	จ	ห	ญ	ค	ร
ค	อ	◌ุ	โ	ม	ง	ค	◌์	◌ำ	ย	น	ก	ศ	ว	ถ
ญ	น	ญ	ม	อ	ถ	น	ถ	ร	ผ	ถ	ผ	ธ	า	จ
ง	เ	เ	ย	ะ	ฟ	ส	ฝ	ว	ห	ข	ว	ว	ม	◌ั
ก	ย	ซ	ด	ผ	ฉ	ฉ	ศ	จ	ส	ร	ผ	ป	ป	ก
◌ุ	า	ข	ไ	◌ิ	น	แ	ก	◌๊	ส	ะ	ถ	ถ	ล	ร
ท	ร	ร	ท	ป	น	ไ	แ	ผ	น	ท	◌ี	◌่	อ	ย
ร	ต	ต	จ	จ	ว	เ	บ	ท	ถ	ค	า	แ	ด	า
ร	น	บ	ล	ร	ซ	ว	ท	อ	เ	บ	ร	ค	ภ	น
บ	◌ั	ถ	พ	ษ	า	ว	ญ	◌้	น	พ	ง	ง	◌ั	ย
ถ	อ	ส	ป	ฟ	พ	จ	ฉ	ไ	า	◌ุ	ส	อ	ย	น
ร	ณ	ช	ง	เ	ก	ป	ร	ถ	น	น	ญ	ข	ว	ต
เ	ค	ร	◌ื	◌่	อ	ง	ย	น	ต	◌์	ก	า	ร	◌์
ด	ไ	ภ	เ	ช	◌ื	◌้	อ	เ	พ	ล	◌ิ	ง	ต	ษ
พ	แ	โ	ร	ง	ร	ถ	ร	บ	◌ั	ข	น	ค	ฟ	ง

เบรค
รถ
อันตราย
คนขับรถ
เชื้อเพลิง
โรงรถ
แก๊ส
ใบอนุญาต
แผนที่
เครื่องยนต์
รถจักรยานยนต์
คนเดินเท้า
ตำรวจ
ความปลอดภัย
ความเร็ว
ถนน
การจราจร
รถบรรทุก
อุโมงค์

73 - Biology

เ แ จ ล ด เ ถ พ ง เ ต ไ ก แ เ
เ อ ญ ส ◌ิ ซ ม โ ส อ อ ฮ า บ ป
น ส น า ธ ล ล ค ก ◌็ ม เ ร ค ◌็
ซ ช ◌้ ไ ล ล พ ข อ ม ข บ ก ท น
ส ไ ญ น ซ ◌์ ฝ ◌ี ล บ โ อ ล ◌ี ธ
ย ป ท เ ป ม ย แ ช ร ป ร า เ ร
ล เ ค ผ ค ร ◌์ ต า ◌ิ ร ◌์ ย ร ร
◌ี ญ ห ค ท จ ะ ญ ถ โ ต เ พ ◌ี ม
ค ด ผ ศ ง ส ด ส อ อ ◌ี น ◌ั ย ช
เ ช ◌ื ◌้ อ โ ร ค า ศ น ต น ศ า
ว ฮ อ ร ◌์ โ ม น ะ ท ท ถ ธ ส ต
◌ิ ว ◌ิ ว ◌ั ฒ น า ก า ร ท ◌ุ ล ◌ิ
น เ ซ ◌ิ ม ไ บ โ อ ซ ◌ิ ส ◌์ ส บ
ง น ป จ ช พ ค อ ล ล า เ จ น ธ
ย ช อ ฉ เ ซ ล ล ◌์ ป ร ะ ส า ท

แบคทีเรีย
เซลล์
คอลลาเจน
เอ็มบริโอ
เอนไซม์
วิวัฒนาการ
ไฮเบอร์เนต
ฮอร์โมน
การกลายพันธุ์
เป็นธรรมชาติ
เส้นประสาท
เซลล์ประสาท
นิวเคลียส
ออสโมซิส
เชื้อโรค
พืช
โปรตีน
ซิมไบโอซิส

74 - Professions #2

ว ◌ิ ศ ว ก ร ถ จ น ว ส น ค ฟ น
า ไ ก ฟ เ ห ช ◌ิ ◌ั ช ศ ซ ผ ง ◌ั
ข ส ซ น ข ฝ ข ต ก น า ฝ ไ ศ ก
◌่ ช ง ห ย ธ บ ร ป ◌ั ก ว ไ ล ว
ก ◌่ ค บ ◌์ ธ ษ ก ร ก ว ค น ท ◌ิ
◌ั า แ พ ท ย ◌์ ร ◌ั ป อ น ร า จ
น ง เ ช พ ◌์ ก ศ ช ร น ◌ั ไ ◌ู ◌ั
ซ ภ ะ ไ แ ท ◌ั ป ญ ะ บ ก ญ ถ ย
า า ป ช ต พ ร า า ด ◌ิ บ ฟ ต ไ
ย พ ก ไ น แ า ณ ง ◌ิ ก ◌ิ ล ฉ ภ
ภ ช แ ท ◌ั ย ณ ต ร ษ ◌ั น ซ ไ ฟ
ว ล ม ล ท ล ร จ ษ ฐ น ท อ ต ห
แ จ ค ผ ญ ◌ั ร ค ว ◌์ ไ ผ ค ว ก
ท ข ซ ย ณ ศ บ ส ◌ี ก ◌ั น บ บ ว
ข ก ฝ จ น ◌ั ก ช ◌ี ว ว ◌ิ ท ย า

นักบินอวกาศ
นักชีววิทยา
ทันตแพทย์
นักสืบ
วิศวกร
ชาวนา
คนสวน
นักประดิษฐ์
นักข่าว
บรรณารักษ์
จิตรกร
นักปรัชญา
ช่างภาพ
แพทย์
นักบิน
นักวิจัย
ศัลยแพทย์
ครู

75 - Mythology

ฉ	ช	อ	ส	ฟ	ศ	ส	พ	ฤ	ต	◌ิ	ก	ร	ร	ม
ด	ณ	ไ	ว	◌้	ณ	◌ั	ช	อ	น	◌ั	ก	ร	บ	ศ
พ	ณ	จ	ร	า	ร	ต	ก	◌่	ฟ	ข	ซ	ย	ส	ก
ฮ	บ	พ	ร	ผ	ง	ว	ถ	◌ี	ผ	ภ	ญ	น	ญ	า
พ	◌ี	ช	ค	◌่	พ	◌์	ส	ช	ช	ไ	ต	อ	ก	ช
า	ษ	โ	◌์	า	ฟ	ป	จ	เ	น	ม	ค	ส	ท	ป
ภ	า	ญ	ร	แ	ย	ร	ษ	ม	ณ	อ	ศ	ค	ป	ค
ต	◌ั	ช	ธ	◌่	ฝ	ะ	ก	า	ร	ส	ร	◌้	า	ง
ม	ณ	ย	ภ	ญ	แ	ห	ช	ว	น	ถ	เ	ท	ล	อ
อ	ง	ซ	พ	ษ	บ	ล	น	ค	◌้	แ	◌้	ก	แ	ร
ต	ง	ผ	ล	◌ิ	แ	า	ต	◌้	น	แ	บ	บ	ท	◌้
เ	◌ำ	ง	ษ	ก	บ	ด	ก	ว	ฉ	น	ม	ด	ล	า
น	ข	น	จ	ข	ช	◌ั	ง	แ	เ	ท	พ	ป	า	◌้
ไ	ญ	เ	า	ผ	ญ	บ	ต	ก	ง	ว	า	ข	เ	ฟ
ม	ร	ร	ธ	น	ฒ	◌ั	ว	◌ิ	ข	ง	ย	ง	ท	ฟ

ต้นแบบ
พฤติกรรม
ความเชื่อ
การสร้าง
วัฒนธรรม
เทพ
ภัยพิบัติ
สวรรค์
ฮีโร่
อมตภาพ
เขาวงกต
ตำนาน
ฟ้าผ่า
สัตว์ประหลาด
ยแร
แก้แค้น
ฟ้าร้อง
นักรบ

76 - Agronomy

ค	ม	ร	ร	ก	ร	ต	ษ	ก	เ	ย	ส	า	น	บ
ป	◌ุ	◌๋	ย	น	ม	ร	เ	ษ	ม	ต	◌ิ	ซ	ญ	ศ
ช	ข	ภ	ป	เ	◌้	ล	บ	ไ	ล	ด	◌่	ผ	จ	อ
ช	ม	ร	บ	ว	ป	◌ำ	พ	ช	◌็	า	ง	ส	ง	า
ข	แ	า	น	ษ	ถ	ฉ	อ	◌ิ	ด	ภ	แ	ร	เ	ห
ว	ต	ย	แ	ซ	ฟ	ฟ	แ	ค	ษ	ณ	ว	◌่	ร	า
ว	◌ิ	ท	ย	า	ศ	า	ส	ต	ร	◌์	ด	อ	◌ี	ร
ฟ	ล	ว	ฝ	ไ	ซ	ไ	พ	ล	ง	ม	ล	น	ย	ษ
ร	ผ	◌ิ	ง	ซ	ก	ถ	จ	◌ี	ณ	ป	◌้	ษ	น	ผ
ะ	ร	ศ	ช	ไ	บ	ซ	ฉ	ถ	ช	ฝ	อ	ศ	เ	ป
บ	า	ว	น	า	ง	ง	◌ั	ล	พ	ย	ม	ฟ	ก	ผ
บ	ก	เ	บ	ก	า	ร	ท	◌ำ	ฟ	า	ร	◌์	ม	◌ั
า	ณ	◌ิ	ท	ย	ถ	อ	โ	ว	ผ	เ	ฝ	ค	ญ	ก
ง	ธ	น	ศ	พ	ย	◌์	ร	◌ี	ท	น	◌ิ	อ	ฝ	ร
ท	ง	ร	จ	ม	า	ศ	ค	ด	ณ	ษ	เ	ไ	ภ	เ

เกษตรกรรม
โรค
นิเวศวิทยา
พลังงาน
สิ่งแวดล้อม
ร่อน
การทำฟาร์ม
ปุ๋ย
อาหาร
อินทรีย์

พืช
มลพิษ
การผลิต
ชนบท
วิทยาศาสตร์
เมล็ด
เรียน
ระบบ
ผัก
น้ำ

77 - Hair Types

ร	ท	ส	ว	า	ผ	ย	า	ว	ช	ต	เ	ภ	ฉ	ณ
พ	ส	◌ี	บ	ล	อ	น	ด	◌์	จ	ฉ	ณ	เ	ค	ง
า	ม	เ	ห	ข	ต	ล	า	ต	◌ำ	น	◌้	◌ี	ส	◌ี
แ	ท	ย	ข	◌ั	ณ	ข	ไ	ม	ศ	ง	แ	ห	◌้	ง
ล	น	ไ	า	ฉ	ว	ส	ษ	ภ	ญ	ส	ไ	า	แ	พ
ญ	เ	ฟ	ว	ง	ษ	ล	ถ	ด	ท	ร	ธ	ค	ช	ณ
จ	ศ	ง	ช	ถ	◌ั	ก	◌้	◌ั	แ	ฉ	ฉ	ด	ก	ข
ส	ส	ษ	า	น	ห	◌ั	า	า	ก	บ	เ	ง	◌ิ	น
◌ี	อ	ร	บ	ล	ถ	ย	ล	ย	น	เ	ล	ซ	ย	◌้
ด	น	บ	ท	ข	ะ	ห	ษ	ะ	ฉ	พ	ป	อ	ห	◌ั
◌ำ	เ	า	ท	เ	◌ี	ส	เ	ท	ย	ช	ม	◌ี	ณ	ส
ข	ก	ง	ร	แ	ง	◌็	ข	แ	ถ	ง	บ	พ	ย	ญ
พ	ร	ไ	ผ	ณ	ม	ส	ย	ข	ส	ด	บ	ณ	น	ฝ
อ	◌่	อ	น	น	◌ุ	◌่	ม	ค	แ	ะ	ฉ	แ	ข	จ
า	บ	เ	พ	ต	ร	ล	จ	ง	ข	พ	ไ	ฉ	บ	ฉ

หัวล้าน
สีดำ
สีบลอนด์
ถัก
ถักเปีย
สีน้ำตาล
สี
หยิก
แห้ง
สีเทา
แข็งแรง
ยาว
เงา
สั้น
เงิน
อ่อนนุ่ม
หนา
บาง
หยัก
ขาว

78 - Garden

ฉ	ก	ม	ป	ฟ	ล	ศ	ษ	ด	เ	จ	ต	ฉ	ไ	ฟ
ฝ	ไ	ข	แ	ป	ผ	ย	ท	ณ	◌ิ	ง	◌้	ด	ญ	ร
ซ	ฝ	ว	ฟ	ต	ะ	ฉ	ย	ต	ญ	น	น	อ	ส	ศ
ท	ท	น	า	◌้	บ	น	า	ช	ม	◌ั	ไ	ก	น	ต
ข	ห	น	◌ี	ต	ท	พ	ว	บ	ส	◌่	ม	ไ	า	ว
ส	ว	น	ผ	ล	ไ	ม	◌้	ส	า	า	◌้	ม	ม	ร
ค	ก	ษ	ข	น	พ	ะ	◌ั	ว	ด	◌้	ณ	◌้	ห	ะ
ม	ก	ญ	ส	ไ	◌ำ	โ	ร	น	า	ม	ย	ฝ	ญ	เ
เ	ป	ล	ญ	ว	น	บ	ม	โ	ร	ง	ร	ถ	◌้	บ
ต	ค	า	ว	◌่	◌้	แ	◌ุ	ร	ค	ญ	ญ	แ	า	◌ี
ม	ก	บ	◌ั	◌ั	อ	◌่	ท	ช	ท	ง	พ	ป	◌้	ย
ข	ท	ต	ช	ล	◌่	ข	ช	ก	ข	แ	น	ะ	ญ	ง
แ	ม	ค	พ	พ	บ	แ	ท	อ	ต	ป	ณ	พ	ห	ล
ห	ก	ฝ	◌ี	ล	ย	ถ	ถ	ป	ร	ธ	ก	ฝ	พ	ภ
ต	พ	ย	ช	ศ	พ	ช	ร	จ	ภ	ก	ง	ธ	ะ	ท

ม้านั่ง
บุช
รั้ว
ดอกไม้
โรงรถ
สวน
หญ้า
เปลญวน
ท่อ
สนามหญ้า
สวนผลไม้
บ่อน้ำ
ระเบียง
คราด
พลั่ว
ดิน
ชานบ้าน
แทรมโพลีน
ต้นไม้
วัชพืช

79 - Diplomacy

ค	ว	า	ม	ย	ุ	ต	ิ	ธ	ร	ร	ม	ง	ช	ค
ค	ว	า	ม	ป	ล	อ	ด	ภ	ั	ย	ข	ฟ	ม	ท
ค	ค	ต	ท	ู	ช	า	ร	ร	ค	ั	อ	ก	อ	เ
พ	ว	ข	ค	ช	ด	ร	ณ	ว	น	ช	ม	ุ	ช	น
ต	ล	า	ษ	ก	ร	ึ	ป	่	ี	ท	ื	ธ	ค	ส
่	ป	เ	ม	ง	ย	้	แ	ด	ั	ข	ม	า	ว	ค
า	ไ	น	ม	ซ	ไ	ว	ฟ	ไ	ต	ย	ว	ก	า	ะ
ง	ก	ั	ร	ื	ื	อ	ซ	ข	ห	น	่	า	ม	ส
ช	ฉ	ก	ร	พ	อ	่	ย	พ	ษ	ฉ	ร	ร	ล	า
า	ร	ก	ธ	ญ	ร	ง	อ	่	ก	อ	ม	เ	ะ	ร
ต	ั	า	ย	า	ห	ข	จ	ส	า	ไ	า	ม	เ	ล
ิ	ฐ	ร	ิ	ไ	ภ	น	ไ	ฝ	ั	ง	ว	ื	อ	ะ
น	บ	ท	ร	ผ	ฝ	ช	ผ	จ	ถ	ต	ค	อ	ื	ล
แ	า	ู	จ	ส	ถ	า	น	ท	ู	ต	ย	ง	ย	า
ง	ล	ต	ม	น	ุ	ษ	ย	ธ	ร	ร	ม	์	ด	ย

ที่ปรึกษา
เอกอัครราชทูต
พลเมือง
ชุมชน
ความขัดแย้ง
ความร่วมมือ
นักการทูต
อย่าง
สถานทูต
จริยธรรม
ต่างชาติ
รัฐบาล
มนุษยธรรม
ความซื่อสัตย์
ความยุติธรรม
การเมือง
ความละเอียด
ความปลอดภัย
สารละลาย

80 - Countries #1

ข	ซ	ง	ก	ล	◌ั	ต	เ	ว	◌ี	ย	ด	ย	ค	ร
อ	◌ิ	ส	ร	า	เ	อ	ล	ด	า	ห	ธ	บ	อ	บ
ด	ส	ข	◌ั	เ	◌์	า	อ	◌ิ	ต	า	ล	◌ี	ไ	เ
อ	ข	ค	◌ิ	ห	ด	จ	ด	น	ย	จ	ร	เ	น	ว
ถ	ก	ก	อ	ะ	น	ภ	ก	า	◌ี	บ	ย	◌ิ	◌ิ	เ
บ	ร	า	ซ	◌ิ	ล	เ	ซ	เ	น	ก	◌ั	ล	ก	น
เ	ส	เ	ป	น	แ	บ	น	เ	เ	ค	ล	ก	า	ซ
ฟ	ย	เ	ษ	จ	ป	า	อ	ว	า	โ	แ	ธ	ร	◌ุ
ร	◌ิ	อ	ญ	จ	โ	ผ	ร	◌ี	ม	ค	ย	ภ	า	เ
ม	ไ	น	ร	ะ	ศ	จ	◌์	ย	ร	อ	จ	ด	ก	อ
ส	ว	ณ	แ	ม	ป	ย	เ	ด	โ	◌็	ไ	ร	◌ั	ล
ด	ส	ฝ	ธ	ล	น	ย	ว	น	แ	ร	ห	ม	ว	า
ข	ก	ฟ	น	ซ	น	◌ี	ย	า	า	ม	า	น	า	ป
ป	ฉ	แ	ซ	ฝ	ส	ด	◌์	ม	ห	โ	ญ	ส	ธ	ซ
ธ	ผ	ญ	า	ฉ	ร	ต	◌์	ป	ย	◌ิ	◌ี	อ	จ	ป

บราซิล
แคนาดา
อียิปต์
ฟินแลนด์
เยอรมนี
อิรัก
อิสราเอล
อิตาลี
ลัตเวีย
ลิเบีย
โมร็อคโค
นิการากัว
นอร์เวย์
ปานามา
โปแลนด์
โรมาเนีย
เซเนกัล
สเปน
เวเนซุเอลา
เวียดนาม

81 - Adjectives #1

ส	ศ	อ	ล	เ	ษ	ก	ข	แ	ธ	ช	ช	ว	ด	ซ
เ	◌ำ	จ	ย	ย	ย	ม	◌ั	ส	น	◌ั	ท	ภ	ไ	◌ี
ห	ใ	ค	ก	ย	ด	◌้	ไ	ย	ว	◌่	ช	ฟ	ธ	◌่
ม	จ	ป	◌ั	ใ	◌ี	ร	จ	ว	ล	ธ	น	ฝ	ษ	อ
◌ี	ก	ภ	น	ญ	ม	ศ	ฉ	ส	ป	พ	ะ	อ	ซ	ส
อ	ว	ด	ห	ม	◌ี	ค	ว	า	ม	ส	◌ุ	ข	น	◌ั
น	◌้	ม	แ	ป	ล	ก	ใ	ห	ม	◌่	ผ	ญ	ล	ต
ก	า	◌ี	จ	ร	◌ิ	ง	จ	◌ั	ง	ถ	ผ	ช	ต	ย
◌ั	ง	เ	ค	บ	ไ	า	ค	◌่	◌ี	ม	ไ	ฝ	ก	◌์
น	ธ	ส	า	ฉ	ช	บ	ใ	ก	ไ	า	อ	ไ	ษ	ด
ษ	ล	น	า	ย	ะ	ท	อ	ย	เ	ะ	ท	ท	ห	ฝ
จ	ซ	◌่	ล	ญ	ป	ห	อ	ม	ญ	ห	เ	ซ	น	อ
ค	ญ	ห	น	ว	ล	แ	ธ	ษ	พ	แ	ช	ธ	ฝ	ม
ษ	ศ	◌์	ต	ล	◌ิ	จ	ภ	ฉ	ณ	ส	ธ	◌้	ง	ต
ช	ย	ห	ม	ร	ศ	ฝ	พ	ย	า	ด	บ	ล	า	ร

แน่นอน
ทะเยอทะยาน
หอม
ศิลปะ
มีเสน่ห์
สวย
มืด
แปลกใหม่
ใจกว้าง
มีความสุข

หนัก
ช่วยได้
ซื่อสัตย์
เหมือนกัน
สำคัญ
ทันสมัย
จริงจัง
ช้า
บาง
มีค่า

82 - Technology

แ ผ ร ◌์ ว แ ◌์ ต ฟ อ ซ ษ ห ป ท
บ จ ◌์ ค ว า ม ป ล อ ด ภ ◌ั ย ไ
บ ◌์ อ จ า ◌้ น ห ไ บ ณ ภ จ ง ฟ
อ ไ ต น ◌็ เ ร ◌์ อ ท เ น ◌ิ อ ล
◌ั ว เ บ ล ◌็ อ ก ถ ร ท ธ ษ ◌้ ◌์
ก ร ว ส ไ ฉ ไ ฝ ม บ ม ป ก ล ข
ษ ◌ั ◌ิ ะ ม ม ะ ว ◌ิ จ ◌ั ย ว ก ◌้
ร ส พ ย ป ค ท พ ญ ต ส ฟ ค ญ อ
ซ น ม า ว ค อ ◌้ ข ฝ ถ แ ห ถ ม
เ ค อ ร ◌์ เ ซ อ ร ◌์ ◌ิ ด ส ญ ◌ู
ศ ภ ค ◌ี ไ า ท ถ ะ ท ต ผ ห ด ล
พ ฟ ค ด ม ณ ล ท ◌ั จ ◌ิ ◌ิ ด ท ง
ณ ต ก ไ ต ส ย ะ ร ฝ พ บ ภ ม ษ
เ บ ร า ว ◌์ เ ซ อ ร ◌์ ะ ว ส แ
ศ ท เ ข ร ก ศ ผ ษ ด ซ ภ ด ส ธ

บล็อก
เบราว์เซอร์
ไบต์
กล้อง
คอมพิวเตอร์
เคอร์เซอร์
ข้อมูล
ดิจิทัล
แสดง
ไฟล์
แบบอักษร
อินเทอร์เน็ต
ข้อความ
วิจัย
หน้าจอ
ความปลอดภัย
ซอฟต์แวร์
สถิติ
เสมือน
ไวรัส

83 - Global Warming

ต	ฉ	ห	อ	◌ุ	ณ	ห	ภ	◌ู	ม	◌ิ	จ	ส	ก	ฟ
◌ิ	อ	ส	ต	ฝ	ท	ก	ข	บ	ฝ	ข	ค	◌ำ	ฟ	ช
ฤ	ฉ	น	า	ง	ง	◌ั	ล	พ	จ	ฟ	ศ	ค	ศ	ธ
ก	จ	ไ	น	ส	ม	า	ว	ค	ป	ะ	ก	◌ั	ท	อ
◌ิ	ฟ	พ	ฝ	◌ี	ย	ล	แ	ล	ต	ฝ	ก	ญ	เ	น
ว	า	ด	ช	น	◌้	ต	ษ	ส	น	ด	า	ฉ	ะ	า
ต	ม	ฟ	ส	ป	ถ	น	ก	◌๊	ด	ข	ร	ก	ร	ค
พ	ม	ภ	◌ู	ม	◌ิ	อ	า	ก	า	ศ	พ	ฎ	ป	ต
ง	า	ษ	ค	ญ	ะ	ซ	ป	แ	ธ	ธ	◌ั	ห	ง	ฟ
ก	ต	◌ิ	ก	◌์	ร	า	อ	ร	ม	บ	ฒ	ม	า	ร
ม	◌่	ฉ	ย	◌์	ษ	◌ุ	น	ม	ะ	ค	น	า	◌่	◌ั
น	◌ี	ก	ไ	ฝ	ว	ศ	◌่	แ	บ	ช	า	ย	ว	ฐ
แ	ท	ข	ไ	อ	ฝ	ไ	เ	น	ล	ฝ	า	ญ	ห	บ
ช	ล	ม	◌ู	อ	◌้	ข	ส	ป	ด	ป	ะ	ก	ะ	า
จ	ผ	อ	◌ุ	ต	ส	า	ห	ก	ร	ร	ม	จ	ร	ล

อาร์กติก
ความสนใจ
ภูมิอากาศ
ผลที่ตามมา
วิกฤติ
ข้อมูล
การพัฒนา
พลังงาน
อนาคต
แก๊ส
รุ่น
รัฐบาล
มนุษย์
อุตสาหกรรม
ระหว่างประเทศ
กฎหมาย
ตอนนี้
ประชากร
สำคัญ
อุณหภูมิ

84 - Landscapes

บ	ช	ก	า	ง	ล	ค	ผ	ภ	จ	พ	ย	ม	พ	ห
ร	ช	า	ท	◌ุ	น	ด	ร	า	◌ู	ษ	ศ	ข	ภ	◌ุ
า	ท	ซ	ย	ไ	ถ	ผ	ร	ช	ก	เ	เ	ค	า	บ
ะ	ถ	◌ุ	ภ	ห	ค	ผ	น	ห	ท	แ	ข	ธ	แ	เ
ษ	ว	ผ	ม	เ	า	ธ	ค	ซ	ษ	ค	ว	า	ไ	ข
า	ต	ส	ป	ส	ย	ด	า	ษ	เ	จ	ห	ท	ไ	า
ท	ะ	เ	ล	ส	า	บ	บ	ภ	◌ู	เ	ข	า	ป	ฟ
ป	า	ก	ต	◌ิ	ร	ห	ส	แ	ม	◌่	น	◌้	◌ำ	เ
า	ก	ม	ห	ซ	ท	ห	ม	ณ	ไ	ก	ต	◌ำ	◌้	น
ะ	เ	ห	ต	อ	ล	พ	◌ุ	ค	ว	อ	ฉ	ว	ถ	◌ิ
ร	ถ	า	ร	เ	เ	ภ	ท	ท	ะ	เ	ล	บ	ข	น
ค	ป	ห	ห	อ	ะ	◌์	ร	อ	ซ	เ	ก	ไ	ม	เ
ณ	ส	พ	ฟ	โ	ท	ณ	ษ	ร	ท	แ	จ	น	ช	ข
ธ	า	ร	น	◌้	◌ำ	แ	ข	◌็	ง	◌ึ	บ	ย	บ	า
ภ	◌ู	เ	ข	า	น	◌้	◌ำ	แ	ข	◌็	ง	ย	ช	ะ

ชายหาด
ถ้ำ
ทะเลทราย
ไกเซอร์
ธารน้ำแข็ง
เนินเขา
ภูเขาน้ำแข็ง
เกาะ
ทะเลสาบ
ภูเขา
โอเอซิส
มหาสมุทร
คาบสมุทร
แม่น้ำ
ทะเล
บึง
ทุนดรา
หุบเขา
ภูเขาไฟ
น้ำตก

85 - Plants

ผ	ช	ว	ต	เ	ไ	บ	ผ	ป	ธ	ม	ย	ณ	ส	ต
ค	ป	ษ	◌้	บ	พ	ม	ว	ฟ	ธ	จ	◌๋	ร	ฟ	ค
ค	ช	ม	น	อ	ธ	ฤ	◌้	ณ	ล	บ	◌ุ	ช	ข	ฉ
เ	ล	จ	ไ	ร	ะ	ง	ก	ไ	ร	อ	ป	◌ี	ฉ	ว
ฟ	ธ	ะ	ม	◌์	ว	ท	ค	ษ	ผ	ป	ร	พ	ส	แ
◌้	ต	ง	◌้	ร	ม	ไ	ณ	ศ	ศ	◌่	อ	า	ย	อ
ม	า	◌้	ห	◌ี	ไ	บ	ไ	ม	◌้	า	◌้	ญ	ห	ท
ไ	ณ	ฉ	ษ	◌่	ว	ะ	ง	ป	◌่	า	ส	า	ษ	ผ
ก	ร	ะ	บ	อ	ง	เ	พ	ช	ร	ฉ	ด	ต	เ	ร
อ	า	า	◌ี	ด	ธ	ซ	ไ	อ	ธ	ธ	ล	ห	ร	ถ
ด	ถ	ษ	ล	ท	จ	น	ธ	ด	ป	ไ	ภ	ณ	ย	◌์
จ	◌ั	ว	ก	ธ	ฝ	ง	ล	ท	ถ	ท	เ	แ	ฟ	ส
ย	◌่	◌ี	ว	อ	ไ	ซ	ศ	ร	า	ก	แ	ร	ธ	ส
น	ว	ส	ท	ห	ข	ฟ	ณ	จ	บ	เ	ส	บ	ง	อ
ข	อ	ท	อ	พ	พ	ว	า	เ	ป	ย	ไ	ะ	ข	ม

ไม้ไผ่
ถั่ว
เบอร์รี่
พฤกษศาสตร์
บุช
กระบองเพชร
ปุ๋ย
ฟลอรา
ดอกไม้
ใบไม้

ป่า
สวน
หญ้า
ไอวี่
มอสส์
กลีบ
ราก
ห้าม
ต้นไม้
พืช

86 - Boxing

ม	◌ุ	ม	ร	ย	อ	◌่	◌ี	น	ห	เ	ณ	บ	ร	เ
ผ	ค	ฝ	แ	ค	า	ง	◌ั	ฆ	ะ	ร	ไ	ง	เ	ช
◌ู	◌ู	ไ	ผ	ห	ภ	ก	ส	ส	ผ	จ	เ	า	ซ	◌ื
◌้	◌่	ป	ฟ	แ	ท	า	ง	ร	แ	ฉ	ฉ	ต	ช	อ
ต	แ	ค	ไ	ษ	◌ั	ะ	ฟ	า	ไ	ด	ญ	ะ	ะ	ก
◌ั	ข	ส	◌ู	◌้	ก	◌ั	น	ค	◌่	ท	ค	ว	ถ	ไ
ด	◌่	ร	ษ	ช	ษ	น	ม	ค	น	ร	น	◌็	ค	ร
ส	ง	ญ	พ	า	ะ	น	ค	◌ี	◌้	◌ู	ก	ร	า	ก
◌ิ	ษ	ผ	ห	ด	ถ	น	◌้	ช	ป	ส	ห	เ	น	ท
น	ต	บ	ป	า	◌ุ	แ	ผ	◌ั	ผ	ฝ	า	ฉ	ด	ศ
ม	จ	น	ห	ะ	ง	ะ	บ	ไ	ป	ไ	ศ	ด	ไ	ค
า	ญ	ง	ช	ส	ม	ค	ภ	ห	แ	◌ำ	ญ	ษ	น	ศ
ไ	ณ	ไ	ถ	ย	◌ี	ช	ฟ	จ	โ	ฟ	ก	◌ั	ส	ห
ฉ	พ	ด	พ	ผ	อ	ข	◌้	อ	ศ	อ	ก	จ	ต	ณ
แ	ญ	ษ	ไ	ถ	ฉ	อ	ข	ฉ	ไ	ภ	ญ	ถ	ว	อ

ระฆัง
ร่างกาย
คาง
มุม
ข้อศอก
เหนื่อย
นักสู้
กำปั้น
โฟกัส
ถุงมือ
เตะ
คู่แข่ง
คะแนน
เร็ว
การกู้คืน
ผู้ตัดสิน
เชือก
ทักษะ
แรง

87 - Countries #2

เ	ญ	เ	ก	โ	ซ	ม	า	เ	ล	◌ี	ย	ช	ณ	ร
อ	◌ี	จ	ด	ร	ณ	ข	บ	ม	ป	ภ	ง	ว	เ	ศ
ธ	◌่	า	ป	น	◌ี	ป	ค	ต	ธ	เ	น	ป	า	ล
◌ิ	ป	ไ	า	อ	ม	ซ	ข	ถ	ป	ค	น	ง	ฉ	ซ
โ	◌ุ	ม	ก	น	น	า	ย	ซ	◌ี	เ	ส	◌ั	ร	ส
อ	◌่	ก	◌ี	า	อ	ย	ร	◌ี	เ	◌ี	บ	ล	ไ	ก
เ	น	◌้	ส	บ	ถ	◌ี	◌ี	◌์	ข	ย	ภ	ธ	ห	เ
ป	ค	า	ถ	ล	ง	น	เ	ค	ก	◌ู	จ	ณ	ไ	ม
◌ี	ต	ย	า	เ	ล	เ	◌ี	เ	ไ	เ	ย	ซ	ไ	◌็
ย	ง	ถ	น	เ	า	บ	จ	ฮ	น	ค	ะ	น	ก	ก
ซ	อ	ร	ไ	บ	ว	เ	น	ต	ง	ร	ผ	ซ	ซ	ซ
ษ	◌ู	ป	ร	ด	ฉ	ล	ไ	◌ิ	ซ	น	ต	ก	ณ	◌ิ
น	ณ	ด	ย	จ	ษ	อ	ย	◌ู	ก	◌ั	น	ด	า	โ
ไ	บ	ถ	า	ภ	ผ	แ	ม	ญ	ค	บ	ฟ	ซ	ภ	ก
ภ	ญ	ย	ท	น	ณ	อ	ซ	◌ี	เ	ร	◌ี	ย	ด	น

แอลเบเนีย
เดนมาร์ก
เอธิโอเปีย
กรีซ
เฮติ
จาไมก้า
ญี่ปุ่น
ลาว
เลบานอน
ไลบีเรีย
เม็กซิโก
เนปาล
ไนจีเรีย
ปากีสถาน
รัสเซีย
โซมาเลีย
ซูดาน
ซีเรีย
ยูกันดา
ยูเครน

88 - Ecology

ท	ฝ	ร	ท	◌ั	◌่	ว	โ	ล	ก	ห	ะ	ญ	ข	ข
ข	ร	ค	ว	า	ม	ห	ล	า	ก	ห	ล	า	ย	ธ
ย	ศ	◌ั	า	อ	ย	◌ู	◌่	อ	◌่	◌ี	ท	ไ	ห	◌ุ
ว	แ	ม	พ	ถ	ย	ง	ง	แ	ม	ด	ส	ฉ	า	◌์
ง	ณ	ส	ฝ	ย	ศ	◌ั	ฟ	ข	ล	ช	◌ุ	ม	ช	น
ผ	ค	า	พ	แ	า	ซ	◌่	จ	ย	◌้	ว	า	◌ื	◌ั
ท	ผ	ส	ฉ	ม	ก	ก	ล	ง	ศ	ห	ง	ผ	พ	พ
อ	ภ	า	ล	ส	า	ด	ร	◌ึ	ย	ท	ะ	เ	ล	ย
ร	ว	อ	ห	ษ	อ	ล	ฝ	บ	ย	◌ื	ล	ค	ก	า
ป	ซ	ง	ศ	ไ	ม	ต	น	ณ	ฉ	า	น	ย	ฝ	ส
ภ	◌ู	เ	ข	า	◌ิ	ต	า	ช	ม	ร	ร	ธ	บ	ว
เ	ย	แ	ว	ฝ	◌ู	ว	ย	ด	ท	อ	ร	ก	ร	ค
ค	ส	ด	า	ญ	ภ	ญ	น	ด	ผ	ล	ไ	ป	ธ	ม
ก	า	ร	อ	ย	◌ู	◌่	ร	อ	ด	ฟ	น	จ	ผ	ส
เ	ป	◌็	น	ธ	ร	ร	ม	ช	า	ต	◌ิ	ไ	ล	ฝ

ภูมิอากาศ
ชุมชน
ความหลากหลาย
แล้ง
ฟลอรา
ทั่วโลก
ที่อยู่อาศัย
ทะเล
บึง
ภูเขา
เป็นธรรมชาติ
ธรรมชาติ
ทรัพยากร
สายพันธุ์
การอยู่รอด
ยั่งยืน
พืช
อาสาสมัคร

89 - Adjectives #2

ม น ◌่ า ส น ไ จ ท ไ เ ก ม า เ
ย ◌ี ธ ผ ผ ศ ฝ ย ษ เ ร ถ ◌ี ท ป
บ อ ช ด ผ ◌ิ บ ◌ั ร ฝ ◌้ ม พ ว ◌็
ษ ส ษ ◌ี ท ไ ม ผ จ ฟ อ ท ร ไ น
ไ ล ท บ ◌่ ม ห ไ ก ะ น ผ ส ฉ ธ
เ ย แ ค ย อ ภ ท ม ฝ ช ข ว แ ร
ก ญ น ◌์ ก ญ เ ◌ู น พ ไ ด ร ข ร
แ ณ ◌์ ร บ ◌ู ม ส ม ด ◌ุ อ ร ◌็ ม
ด ท แ ร พ ณ ไ ป ◌ี ◌ิ ถ ง ค ง ช
ร า ◌้ ส ค ช ห ◌่ ค ย ไ จ ◌์ แ า
า เ ะ ง ◌้ ห แ า บ า ง จ ต ร ต
ม ไ ญ า ◌่ ง ส พ ไ บ ฝ เ อ ง ◌ิ
◌่ ซ ซ ◌้ ง ก ฉ ค ว ◌ิ ห ค ไ พ ม
า ะ ง ร อ ด จ ณ พ ธ จ ◌็ ญ อ น
ซ อ ผ ส ง ◌่ ว ง น อ น ม ว ฟ แ

แท้
สร้างสรรค์
ธิบาย
ดราม่า
แห้ง
สง่า
มีชื่อเสียง
มีพรสวรรค์
แข็งแรง
ร้อน
หิว
น่าสนใจ
เป็นธรรมชาติ
ใหม่
อุดมสมบูรณ์
ภูมิใจ
รับผิดชอบ
เค็ม
ง่วงนอน
ป่า

90 - Psychology

ณ	ผ	ก	า	ร	ป	ร	ะ	เ	ม	◌ิ	น	ธ	ก	ค
ค	ว	า	ม	ข	◌ั	ด	แ	ย	◌้	ง	อ	ค	า	ว
บ	◌ุ	ค	ล	◌ิ	ก	ภ	า	พ	บ	ก	ง	ล	ร	า
ค	ก	า	ร	ร	◌ั	บ	ร	◌ู	◌้	น	ม	◌ิ	บ	ม
ณ	ว	ธ	ผ	ย	อ	น	ต	ก	พ	◌ื	ร	น	◌ำ	ค
ร	ะ	า	ผ	◌ี	ง	ว	ง	อ	น	◌ำ	ร	◌ิ	บ	◌ิ
ป	พ	ค	ม	ด	เ	ซ	ณ	ก	◌ั	ส	ก	ก	◌ั	ด
◌ั	ก	ด	◌็	เ	ย	◌ั	ว	ก	ฝ	ต	◌ิ	จ	ด	อ
ญ	ก	ก	ท	อ	ป	ะ	ด	ห	ม	◌้	ต	ซ	ห	า
ห	บ	ฉ	ห	ไ	ณ	◌็	ฟ	ะ	า	ไ	ฤ	า	ม	ร
า	จ	ษ	แ	ษ	ผ	ข	น	ผ	ว	ต	พ	ต	ด	ม
อ	◌ิ	ท	ธ	◌ิ	พ	ล	ถ	จ	ค	◌ิ	ป	ใ	ส	ณ
ห	ญ	า	ะ	ว	ษ	ศ	ผ	ป	ร	จ	ฉ	ห	ต	◌์
ก	า	ร	น	◌ั	ด	ห	ม	า	ย	◌ิ	ผ	ญ	◌ิ	ว
ป	ร	ะ	ส	บ	ก	า	ร	ณ	◌์	บ	ง	ร	ศ	อ

การนัดหมาย
การประเมิน
พฤติกรรม
วัยเด็ก
คลินิก
ความขัดแย้ง
ความฝัน
อัตตา
อารมณ์
ประสบการณ์
ไอเดีย
อิทธิพล
การรับรู้
บุคลิกภาพ
ปัญหา
ความเป็นจริง
จิตใต้สำนึก
การบำบัด
ความคิด
หมดสติ

91 - Math

ล	เ	ซ	บ	ม	ม	ะ	ร	ต	า	ม	ม	ส	ร	เ
ะ	ต	ล	จ	ข	ค	ซ	ท	◌ั	ญ	ส	อ	า	ว	ร
ส	พ	◌ั	ข	ม	◌ุ	ม	ก	ว	ช	ม	ะ	ม	ม	ข
ร	ง	ไ	◌้	ค	ม	ญ	ศ	แ	ง	ก	ง	เ	ค	า
ย	ส	แ	ธ	ง	ณ	ษ	พ	ท	ไ	า	ย	ห	ด	ค
ไ	ธ	พ	ส	ว	ฉ	◌ิ	ด	น	ย	ร	ง	ล	จ	ณ
ข	น	า	น	บ	ห	า	ต	ว	ซ	ซ	ส	◌ี	ซ	◌ิ
ษ	ซ	ศ	ป	อ	ม	เ	ก	◌่	ล	น	ช	◌่	ป	ต
ช	ผ	ง	ฉ	ร	า	ย	น	ส	ร	ภ	ต	ย	จ	จ
า	บ	อ	ข	น	ย	ผ	ผ	ษ	◌ั	ซ	ะ	ม	ไ	ธ
ค	ไ	แ	ย	◌้	เ	ข	แ	ศ	ศ	ณ	ฉ	ย	ฉ	ป
ณ	ผ	ฉ	ไ	ส	ล	ซ	ณ	เ	ม	ษ	ล	◌ิ	อ	บ
ท	ไ	ป	ม	เ	ข	ร	ช	ซ	◌ี	ไ	ป	น	ษ	ไ
ร	ะ	ด	◌ั	บ	เ	ส	◌ี	ย	ง	ธ	ผ	ศ	ศ	ะ
ม	น	ม	ะ	ะ	ญ	า	ณ	ข	ณ	ฉ	ษ	ท	ถ	ฟ

มุม
เลขคณิต
เส้นรอบวง
ทศนิยม
องศา
แผนก
สมการ
ตัวแทน
เศษส่วน
เรขาคณิต
หมายเลข
ขนาน
ขอบ
ตั้งฉาก
รัศมี
รวม
สมมาตร
สามเหลี่ยม
ระดับเสียง

92 - Water

ด	◌ี	◌่	ม	ไ	ด	◌้	ป	บ	ม	ร	ฟ	น	ฝ	ค
ฟ	ก	ธ	ว	ป	ข	ข	น	บ	ห	ะ	ม	◌้	ค	ล
ซ	ซ	ม	ท	า	ล	ข	อ	ค	า	ซ	ถ	◌ำ	ม	อ
ภ	ะ	ย	◌่	ร	ซ	ม	ร	เ	ส	ม	ร	แ	ถ	ง
ก	น	ไ	◌ำ	ศ	ษ	ร	◌้	อ	ม	ล	ห	ข	ว	ง
ท	า	น	◌้	ธ	เ	ส	พ	ศ	◌ุ	ก	ท	◌็	แ	ญ
ะ	ท	ร	น	แ	า	◌ุ	◌ุ	พ	ท	น	น	ง	ภ	น
เ	ะ	ง	ร	ญ	ม	ม	◌ำ	ป	ร	ห	ง	ก	ต	◌่
ล	ร	ณ	ณ	ะ	น	◌่	◌้	อ	า	บ	น	◌้	◌ำ	◌ี
ส	ป	ต	ด	ม	เ	ง	น	◌้	◌ี	ช	ม	า	ว	ล
า	ล	เ	ษ	◌ิ	ว	ห	น	◌้	◌ี	ช	ม	า	ว	ค
บ	ช	ญ	ผ	ห	ฝ	ฉ	ย	ฝ	◌ำ	◌้	น	อ	ไ	ช
พ	า	ย	◌ุ	เ	ฮ	อ	ร	◌ิ	เ	ค	น	◌้	◌ี	ช
า	อ	ด	ย	ฝ	ส	ป	ห	ถ	ฟ	ษ	ห	พ	ส	ถ
ล	ง	ณ	ม	า	ล	ด	ฟ	บ	ช	ซ	ล	ศ	ล	ณ

คลอง
ชื้น
ดื่มได้
การระเหย
น้ำท่วม
น้ำพุร้อน
ความชื้น
พายุเฮอริเคน
น้ำแข็ง
ชลประทาน

ทะเลสาบ
วามชื้น
มรสุม
มหาสมุทร
ฝน
แม่น้ำ
อาบน้ำ
หิมะ
ไอน้ำ
คลื่น

93 - Activities

ข	ท	ต	ป	เ	แ	ช	ช	ม	ข	ไ	แ	บ	เ	ก
อ	◌ั	ม	ร	ร	ก	จ	◌ิ	ก	ข	ฝ	น	ฉ	ว	า
ป	ก	ฝ	แ	น	◌ิ	ม	ด	า	ว	พ	า	ภ	ล	ร
ห	ษ	ม	ป	ฉ	น	ศ	◌ี	ฉ	ง	ท	◌่	ย	า	ถ
ภ	ะ	อ	ม	◌ื	◌ี	ฝ	น	า	ง	ษ	อ	น	ว	◌่
ไ	ม	ะ	ค	อ	ฟ	ภ	◌ิ	า	ม	ไ	ร	ร	◌่	า
ด	ะ	ข	ท	ร	ฟ	ฝ	ย	ธ	ล	ะ	า	ถ	า	ย
เ	ซ	ร	า	ม	◌ิ	ก	ย	ณ	ก	ป	ก	ว	ง	ภ
ม	ภ	ค	ฟ	ก	พ	แ	า	ก	า	ล	ก	◌์	เ	า
ถ	◌ั	ก	พ	ล	ว	ฉ	ล	า	ย	◌ิ	ะ	ต	ฟ	พ
ฉ	า	บ	ง	ข	ล	ด	ค	ร	า	ศ	จ	ส	ต	ฉ
ก	า	ร	ท	◌ำ	ส	ว	น	เ	ม	ศ	ล	◌ั	อ	ไ
ฟ	ล	แ	ย	จ	ฟ	เ	อ	ย	เ	ห	ห	า	ค	ด
ผ	ศ	ต	ว	ไ	ฟ	ธ	◌่	◌็	บ	ไ	ะ	◌่	ร	ค
ท	เ	ซ	จ	เ	ซ	ต	ผ	บ	ภ	ฝ	ซ	ล	ต	า

กิจกรรม
ศิลปะ
เซรามิก
งานฝีมือ
ตกปลา
เกม
การทำสวน
ล่าสัตว์
ถัก
เวลาว่าง

มายากล
ภาพวาด
การถ่ายภาพ
ยินดี
ปริศนา
การอ่าน
ผ่อนคลาย
การเย็บ
ทักษะ

94 - Business

ส	ค	ก	า	ร	ล	ง	ท	◌ุ	น	ร	ฝ	ณ	น	ฝ
◌ิ	บ	◌่	ณ	ร	◌้	า	น	บ	น	า	ง	ง	ร	โ
น	ร	ฝ	า	ญ	พ	เ	ง	◌ิ	น	ย	า	น	า	เ
ค	◌ิ	ษ	ม	ไ	◌ี	พ	น	ซ	ก	ไ	◌้	ห	ก	ศ
◌้	ษ	ฉ	ะ	ล	ช	แ	น	ร	ภ	ด	จ	ว	ด	ร
า	◌ั	ฝ	ร	ญ	า	◌้	ไ	◌ั	ไ	◌้	ย	ณ	จ	ษ
ส	ท	ล	ป	ญ	อ	ช	จ	ต	ก	ะ	า	ผ	◌ั	ฐ
ป	เ	จ	บ	ล	ะ	ส	ภ	◌่	ธ	ง	น	ด	◌้	ศ
ก	ข	ม	ง	ะ	บ	ร	ว	ช	า	ร	า	ล	◌ู	า
ร	า	อ	อ	ฟ	ฟ	◌ิ	ศ	ค	ข	ย	ร	น	ผ	ส
ม	น	ร	ส	ศ	ส	ภ	ะ	ร	า	อ	ต	ว	ช	ต
อ	ศ	ร	เ	ฉ	ห	ย	ร	ะ	ย	ณ	น	◌่	ข	ร
ภ	า	ษ	◌ี	ง	ถ	พ	ท	ภ	ธ	เ	◌ิ	ส	แ	◌์
ช	ฟ	ต	ภ	ฝ	◌ิ	ไ	ผ	อ	ส	ซ	ง	ะ	บ	ศ
ย	บ	แ	ะ	ภ	ค	น	ก	ญ	ษ	ท	เ	ต	ร	แ

งบประมาณ
อาชีพ
บริษัท
ค่าใช้จ่าย
เงินตรา
ส่วนลด
เศรษฐศาสตร์
พนักงาน
นายจ้าง
โรงงาน
การเงิน
รายได้
การลงทุน
ผู้จัดการ
สินค้า
เงิน
ออฟฟิศ
ขาย
ร้าน
ภาษี

95 - The Company

ค	ม	น	ค	ะ	อ	ก	า	ร	ล	ง	ท	◌ุ	น	ท
ว	◌ี	ว	ย	ว	ผ	อ	ญ	ข	เ	ด	ส	ซ	ส	ร
า	อ	◌ั	ท	น	า	ง	ง	า	◌้	จ	ร	า	ก	◌ั
ม	อ	ต	◌ั	ส	ต	ม	ญ	อ	น	เ	ผ	ด	ง	พ
ค	า	ก	◌่	ต	ฑ	ร	เ	น	ฝ	ล	ค	ภ	ย	ย
◌ื	ช	ร	ว	ค	◌์	ร	ร	ส	ง	า	◌้	ร	ส	า
บ	◌ี	ร	โ	ค	ณ	ก	ย	เ	◌ี	ท	ด	ส	◌ี	ก
ห	พ	ม	ล	◌่	ภ	ห	ญ	◌ำ	เ	◌่	ไ	ค	เ	ร
น	า	ต	ก	า	◌ั	า	ว	น	ฝ	ไ	ย	ท	อ	ค
◌้	ภ	ข	ม	จ	ต	ส	ข	ร	ม	ด	า	ง	◌่	ป
า	ณ	บ	เ	◌้	◌ิ	ต	พ	า	ฟ	ห	ร	ฟ	◌ี	ก
ร	◌ุ	ภ	ษ	า	ล	◌ุ	จ	ก	◌ิ	ร	◌ุ	ธ	ช	ท
ท	ค	น	ต	ง	ผ	อ	ง	ธ	แ	ฉ	ต	ภ	ก	ไ
ค	ว	า	ม	เ	ป	◌็	น	ไ	ป	ไ	ด	◌้	ร	บ
ห	น	◌่	ว	ย	ป	ญ	ธ	ะ	ะ	แ	ง	ย	ษ	ป

ธุรกิจ
สร้างสรรค์
การจ้างงาน
ทั่วโลก
อุตสาหกรรม
นวัตกรรม
การลงทุน
ความเป็นไปได้
การนำเสนอ
ผลิตภัณฑ์
มืออาชีพ
ความคืบหน้า
คุณภาพ
ชื่อเสียง
ทรัพยากร
รายได้
ความเสี่ยง
หน่วย
ค่าจ้าง

96 - Literature

ส	ช	ก	า	ร	ว	ิ	เ	ค	ร	า	ะ	ห	์	ซ
ก	ั	ี	ศ	ภ	ะ	ก	ป	ร	ะ	เ	ภ	ท	ร	ป
ผ	ล	ม	ว	ฟ	บ	ล	ค	ว	า	ม	เ	ห	็	น
ค	ู	ถ	ผ	ป	ร	อ	ก	อ	า	แ	บ	ส	า	บ
ร	จ	้	ไ	ั	ร	น	ย	ข	ี	เ	้	ู	ผ	ท
แ	บ	ห	บ	ไ	ส	ะ	ธ	ี	ม	ไ	ซ	ี	ณ	ว
ณ	ไ	ด	ร	ร	า	ฉ	ว	จ	ั	ง	ห	ว	ะ	ิ
บ	ท	พ	ู	ด	ร	ณ	ะ	ั	เ	ก	อ	ก	ณ	จ
ศ	ษ	ณ	ล	ห	บ	ย	ง	เ	ต	ศ	ะ	ท	ษ	า
น	ิ	ย	า	ย	ท	ห	า	เ	ะ	ิ	น	บ	ก	ร
ษ	อ	ย	ส	เ	ส	ส	น	ย	ฉ	ฟ	า	ข	ั	ณ
น	ค	ฉ	ะ	า	ร	ญ	ธ	บ	ส	ฝ	ล	อ	ล	์
ข	ส	ฉ	น	ม	ุ	ง	ป	ข	ษ	ค	็	ญ	จ	ป
ง	ข	ม	ย	ร	ป	ต	า	ม	ป	ุ	อ	ำ	ค	พ
ร	ู	ป	แ	บ	บ	ฉ	ศ	ส	ม	ภ	ก	ร	ถ	ด

อะนาล็อก
การวิเคราะห์
ผู้เขียน
ชีวประวัติ
บทสรุป
บทวิจารณ์
ลักษณะ
บทพูด
ประเภท
คำอุปมา
ผู้บรรยาย
นิยาย
ความเห็น
กลอน
บทกวี
สัมผัส
จังหวะ
รูปแบบ
ธีม

97 - Geography

เ ธ ซ ผ ฟ ห ง ฝ ว ป เ ส ว ษ ฟ
ศ ม แ ม ่ น ้ ำ ไ ร ะ ช ไ ผ ฟ
อ ร ี ท ผ ด ต แ ว ะ า ก เ ซ ถ
ด ท ค อ ะ แ ไ ก ท เ ส บ ล ี ผ
ย ุ ส ย ง เ า ค ิ ท ด ธ ต ก ภ
ผ ม อ อ อ ญ ล ล ศ ศ ห ข ะ โ ป
ฉ ส ช า ภ ห า ะ เ ภ า ค ว ล ไ
อ า ณ า เ ข ต ต ห ย ฝ ล ั ก ข
โ ห ภ ง ศ ง ธ ิ น ่ ี ท น ผ แ
ล ม ู ษ แ ล แ จ ี ฟ ร ง ต ถ ผ
ก จ เ ช อ ผ ก ู อ อ ษ ป ก ด ผ
ภ ณ ข แ ต น ย ด ี เ ิ ร อ ม เ
พ ส า ษ ล บ ฝ ณ ก ห ะ ป ฟ ซ ว
ง ส ู ม า ว ค บ ั ด ะ ร ล ถ ห
ะ ค ท ห ส ฝ แ ท ว ี ป ซ ฟ ซ า

ระดับความสูง
แอตลาส
เมือง
ทวีป
ประเทศ
ซีกโลก
เกาะ
ละติจูด
แผนที่
เมอริเดียน
ภูเขา
ทิศเหนือ
มหาสมุทร
ภาค
แม่น้ำ
ทะเล
ใต้
อาณาเขต
ตะวันตก
โลก

98 - Jazz

อ	ฝ	พ	ร	แ	ด	ไ	ศ	◌ิ	ล	ป	◌ิ	น	เ	ค
◌ั	ฝ	ด	ร	ป	โ	ร	า	ก	ย	า	ร	ฝ	ท	ไ
ล	ม	ส	ข	ส	ภ	ผ	ะ	ย	จ	เ	ภ	ส	ค	ค
บ	เ	า	ส	ะ	ว	ไ	ผ	ญ	ฝ	◌ั	ผ	ท	น	ด
◌ั	บ	บ	แ	ป	◌ู	ร	จ	ส	ม	ญ	ง	ฟ	◌ิ	บ
◌้	ก	ฝ	ฟ	ผ	ต	า	ร	น	ต	ข	ย	ห	ค	อ
ม	ห	อ	แ	ซ	แ	ศ	ใ	ค	ว	ล	ส	เ	ว	ก
ษ	ฟ	ร	ย	อ	ฟ	ก	ไ	เ	◌์	ก	◌ี	พ	ภ	ะ
ก	ล	อ	ง	แ	ศ	ท	◌่	ม	ห	ใ	เ	ล	ร	ร
ป	ฏ	◌ิ	ภ	า	ณ	โ	ว	ห	า	ร	อ	ง	ไ	ป
เ	ส	◌ี	ย	ง	ป	ร	บ	ม	◌ื	อ	ช	ะ	ธ	น
ย	ญ	ค	ว	า	ม	ส	◌ำ	ค	◌ั	ญ	◌ี	ช	ษ	ว
น	◌ั	ก	แ	ต	◌่	ง	เ	พ	ล	ง	◌่	ผ	ณ	◌่
ว	ง	ด	น	ต	ร	◌ี	ร	ต	น	ด	◌ี	ห	ร	ส
ค	อ	น	เ	ส	◌ิ	ร	◌์	ต	า	ญ	ม	อ	ฟ	ร

อัลบั้ม
เสียงปรบมือ
ศิลปิน
นักแต่งเพลง
ส่วนประกอบ
คอนเสิร์ต
กลอง
ความสำคัญ
มีชื่อเสียง
รายการโปรด
ปฏิภาณโวหาร
ดนตรี
ใหม่
แก่
วงดนตรี
จังหวะ
เพลง
รูปแบบ
พรสวรรค์
เทคนิค

99 - Nature

แ	อ	า	ร	◌์	ก	ต	◌ิ	ก	ท	ก	น	ด	ธ	บ
◌้	ม	ไ	บ	ไ	ท	ะ	เ	ล	ท	ร	า	ย	า	อ
ผ	า	◌่	ป	ต	ล	ป	ส	ภ	ห	น	ข	ผ	ร	จ
ไ	ร	ห	น	อ	◌่	ร	ข	◌ั	ง	บ	เ	◌ึ	น	เ
ย	ะ	น	อ	◌้	ร	ต	ข	เ	ต	จ	◌ู	◌้	◌้	ณ
น	แ	ไ	ห	ด	◌ำ	ง	ธ	ญ	ท	ว	ภ	ง	◌ำ	บ
ท	◌ี	◌่	ห	ล	บ	ภ	◌ั	ย	ห	ไ	◌์	◌่	แ	ไ
ส	ง	บ	พ	ล	ว	◌ั	ต	ช	ย	ม	ณ	◌ิ	ข	ธ
ค	ฝ	ฝ	ป	า	ภ	แ	ส	ฉ	ว	ฟ	อ	น	◌็	จ
ช	เ	ช	ซ	ซ	บ	ท	เ	ห	ไ	ท	ด	ก	ง	ธ
ภ	ร	ไ	ฝ	ธ	ข	ค	ณ	น	า	ษ	ร	า	ห	ฉ
ด	พ	ก	ล	ม	ง	ศ	ห	◌้	ม	เ	ฉ	ฝ	น	ม
ค	ผ	ค	ผ	ภ	ช	ข	ก	า	ม	ญ	◌ั	ค	◌ำ	ส
ง	ะ	ะ	ว	เ	ม	ฆ	อ	ผ	ล	ไ	ษ	ร	ป	ถ
ค	ว	า	ม	ง	า	ม	า	า	ล	ร	ะ	เ	ส	อ

สัตว์
อาร์กติก
ความงาม
ผึ้ง
หน้าผา
เมฆ
ทะเลทราย
พลวัต
ร่อน
หมอก
ใบไม้
ป่า
ธารน้ำแข็ง
ภูเขา
สงบ
แม่น้ำ
นิ่ง
ที่หลบภัย
เขตร้อน
สำคัญมาก

100 - Vacation #2

ช	ค	ต	◌่	า	ง	ช	า	ต	◌ิ	พ	อ	ส	ญ	ว
ป	า	แ	ง	ธ	ข	ฉ	ฉ	พ	แ	ก	ธ	พ	ศ	◌ั
ล	ซ	ว	ข	ท	ไ	บ	จ	ส	บ	ค	ญ	พ	ศ	น
า	◌่	ช	ต	ก	า	ร	เ	ด	◌ิ	น	ท	า	ง	ห
ย	◌ี	า	ข	◌่	ร	ท	แ	ข	ะ	◌ิ	◌์	บ	◌่	ย
ท	ว	ย	ผ	◌ี	า	ถ	ก	ภ	ถ	บ	น	ฟ	ส	◌ุ
า	เ	ห	ป	ท	ห	ง	ไ	ห	เ	ม	◌็	ย	น	ด
ง	ก	า	ศ	น	า	จ	ช	ฟ	ช	า	ต	ง	ข	ง
า	า	ด	ล	ผ	อ	ต	อ	า	ว	น	เ	ห	ร	ด
◌่	ะ	ว	ะ	แ	น	บ	แ	ง	ต	ส	ป	ย	า	ฝ
ว	ธ	ส	ะ	ท	า	ม	ะ	อ	ไ	◌ิ	ศ	น	ก	ภ
า	ห	ก	ฟ	ผ	◌้	น	ฉ	ข	ต	ม	ญ	ณ	ผ	◌ู
ล	า	ธ	จ	ม	ร	แ	ง	ร	โ	ส	ต	จ	ก	เ
ว	ธ	ท	ะ	เ	ล	ย	ช	ก	า	ฟ	ด	ง	ษ	ข
เ	แ	ท	◌็	ก	ซ	◌ี	◌่	ข	ย	ส	อ	ฟ	ม	า

สนามบิน
ชายหาด
ปลายทาง
ต่างชาติ
ชาวต่างชาติ
วันหยุด
โรงแรม
เกาะ
การเดินทาง
เวลาว่าง
แผนที่
ภูเขา
จอง
ร้านอาหาร
ทะเล
แท็กซี่
เต็นท์
รถไฟ
การขนส่ง
วีซ่า

1 - Antiques

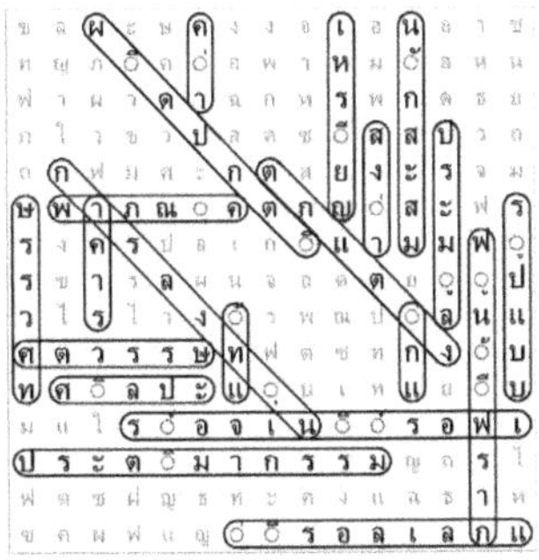

2 - Food #1

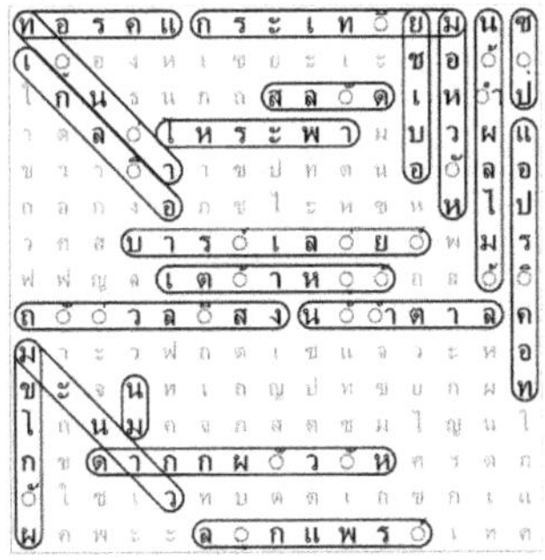

3 - Measurements

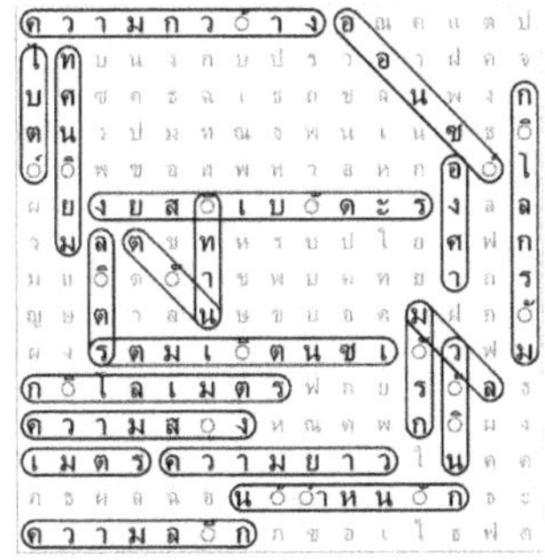

4 - Farm #2

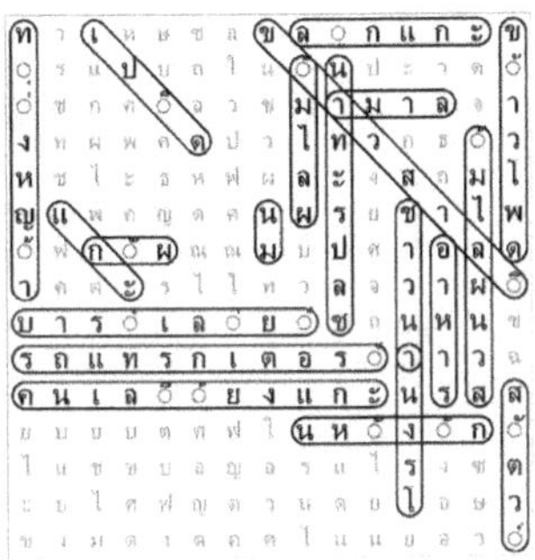

5 - Books

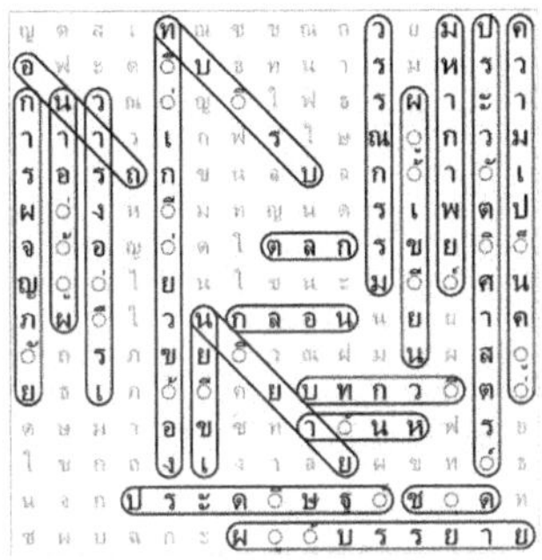

6 - Meditation

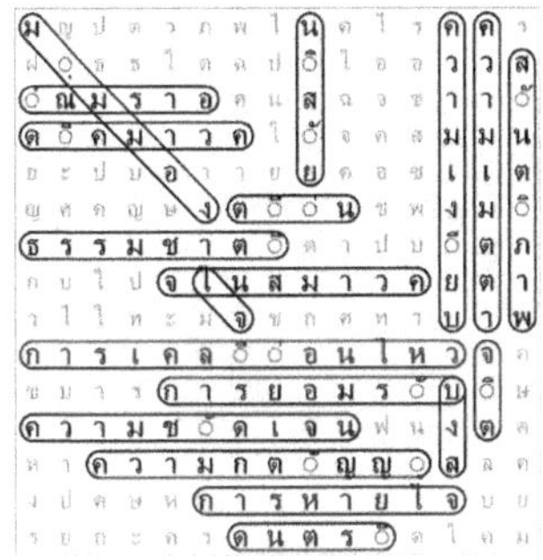

7 - Days and Months

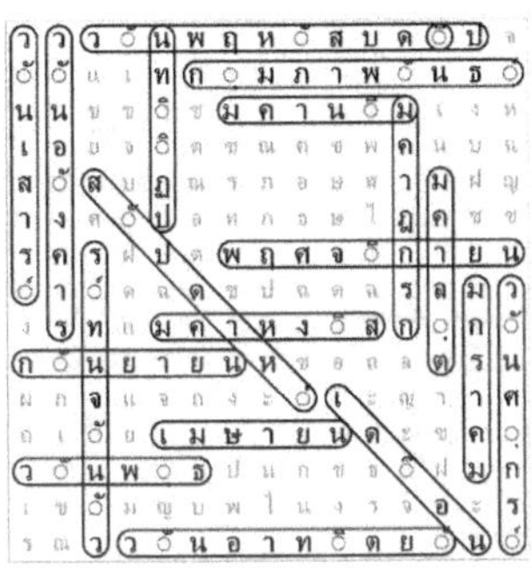

8 - Energy

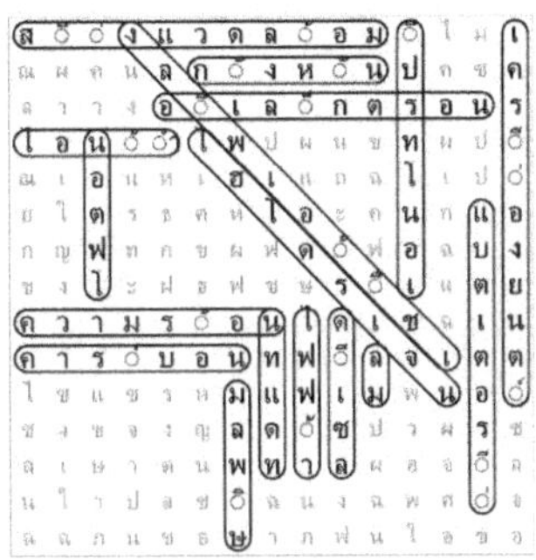

9 - Chess

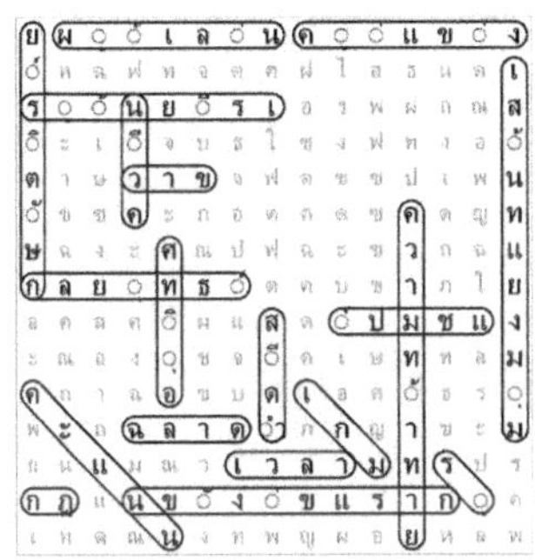

10 - Archeology

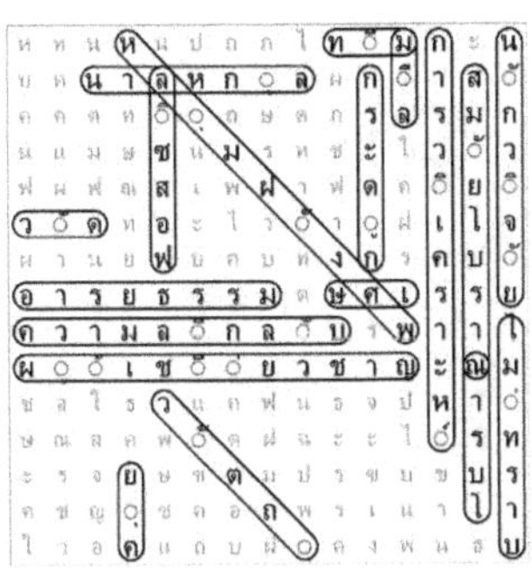

11 - Food #2

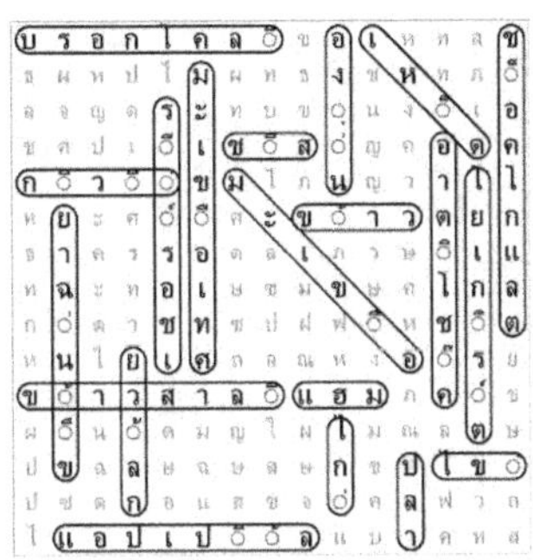

12 - Chemistry

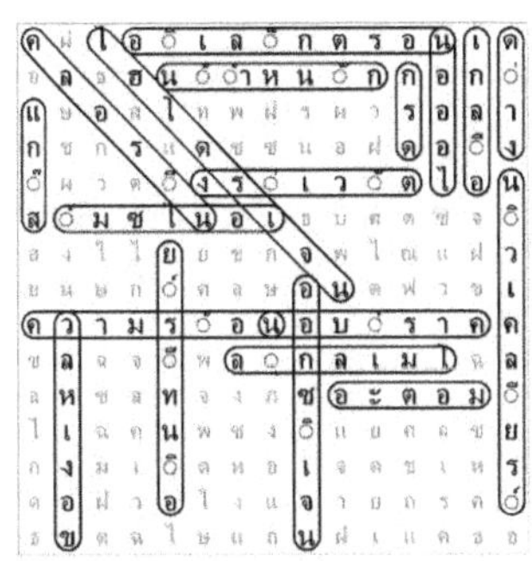

13 - Music

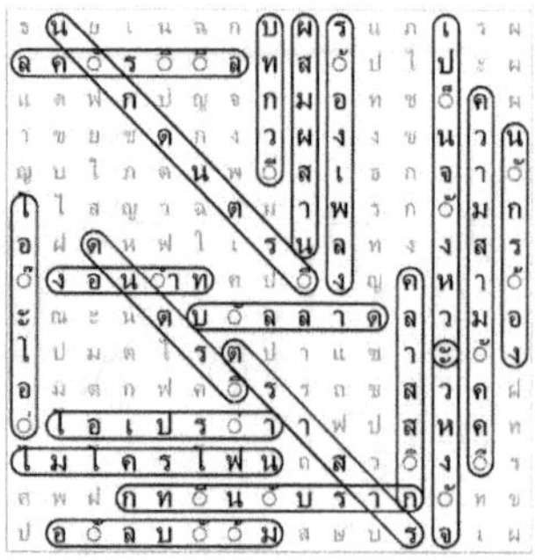

14 - Family

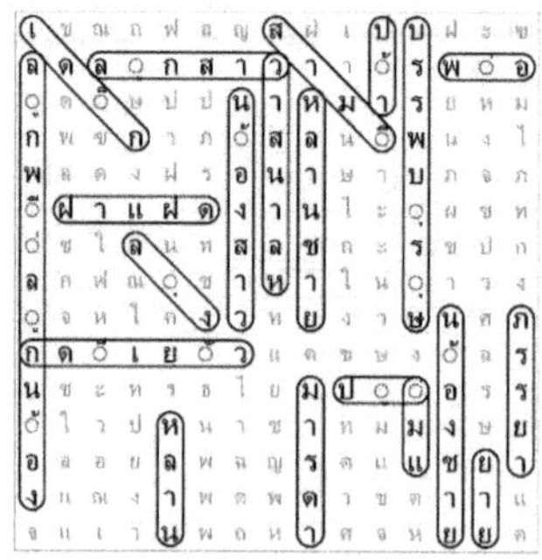

15 - Farm #1

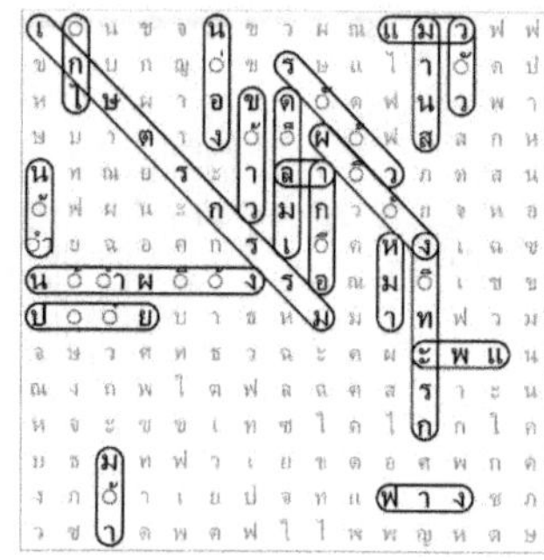

16 - Camping

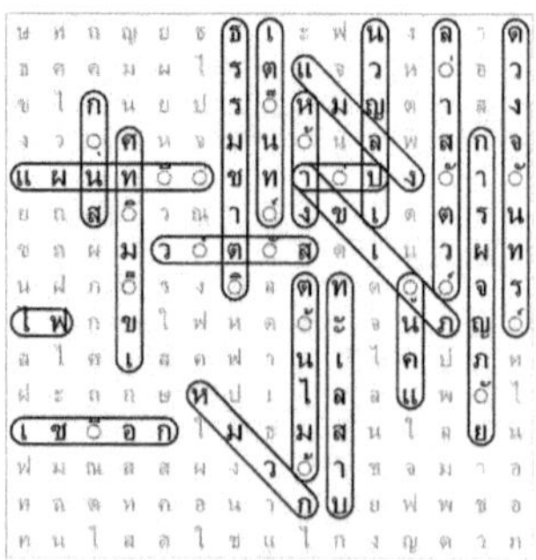

17 - Algebra

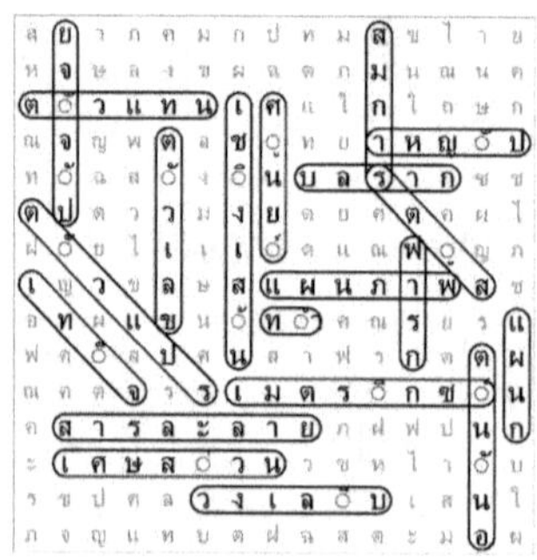

18 - Numbers

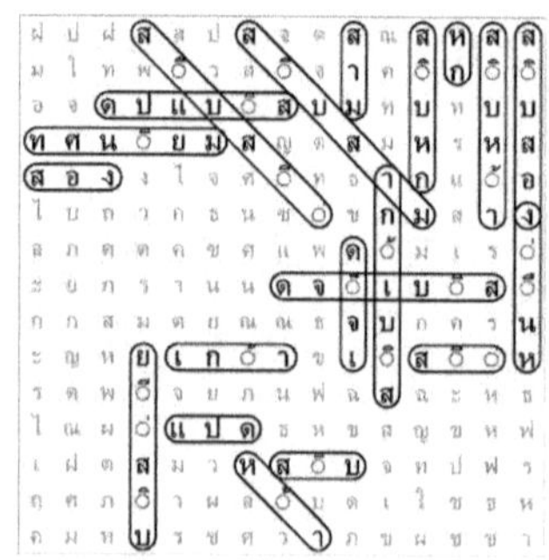

19 - Spices

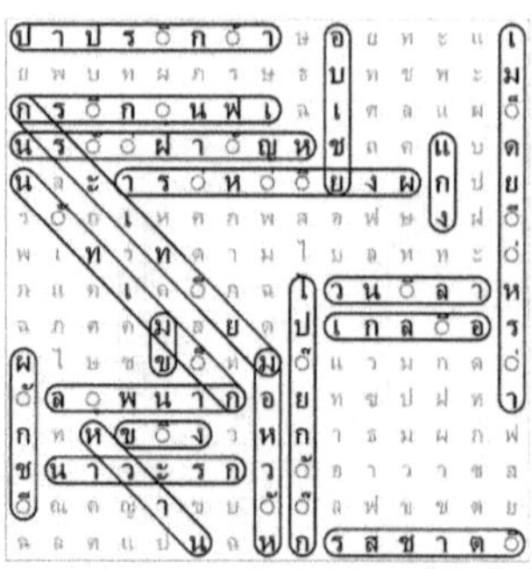

20 - Universe

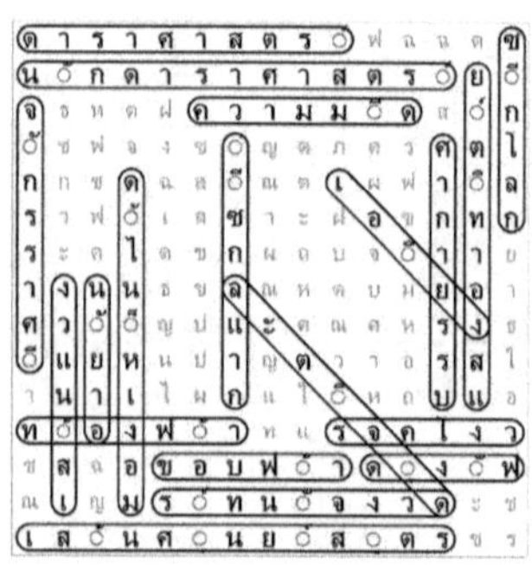

21 - Mammals

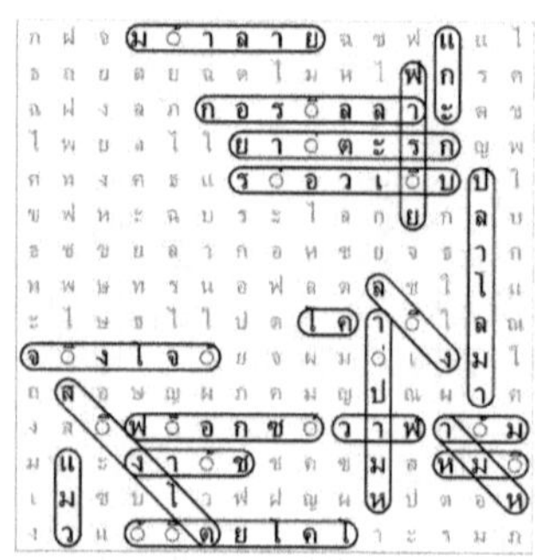

22 - Fishing

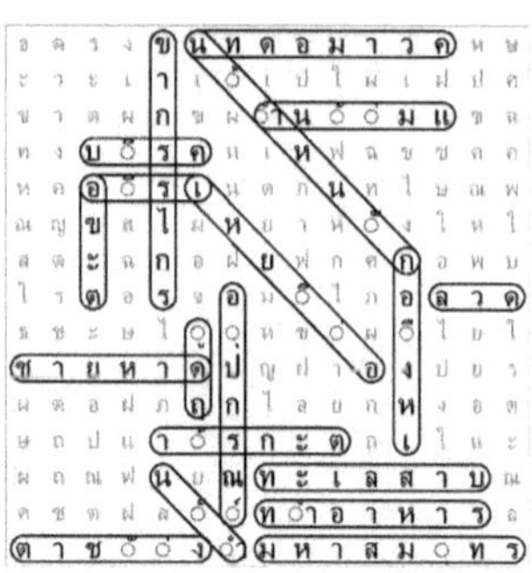

23 - Restaurant #1

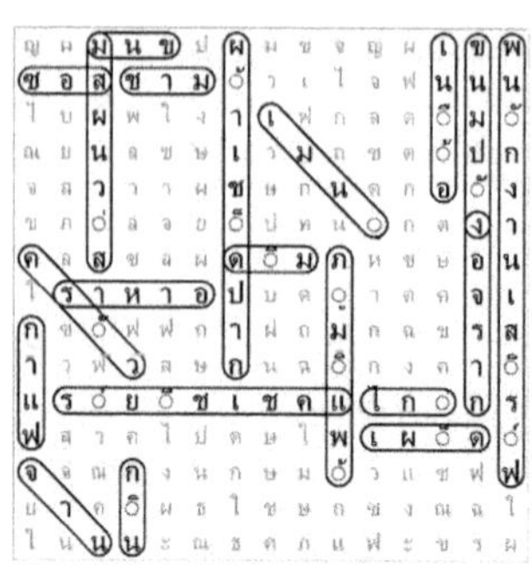

24 - Bees

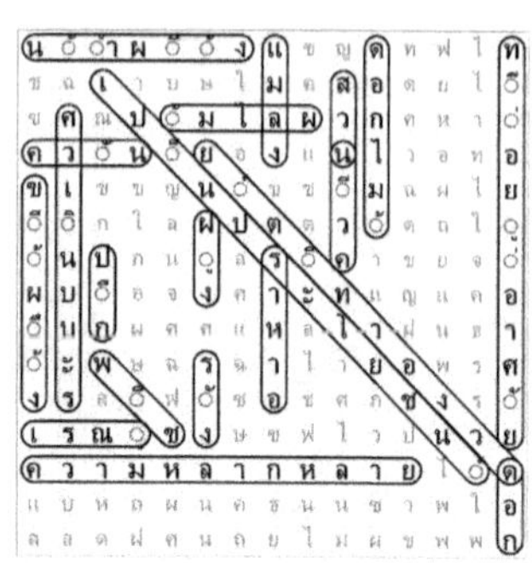

25 - Weather

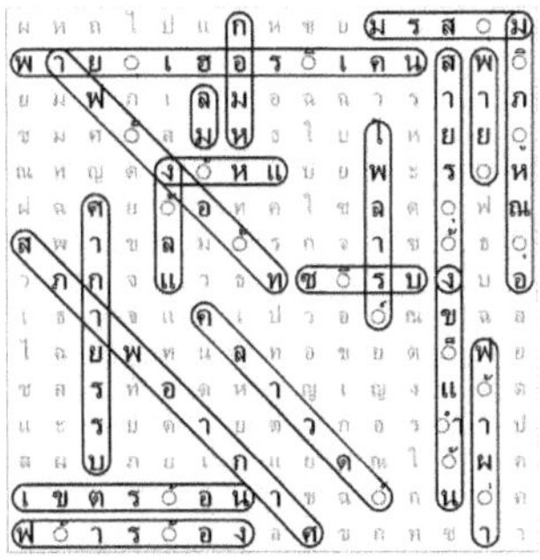

26 - Adventure

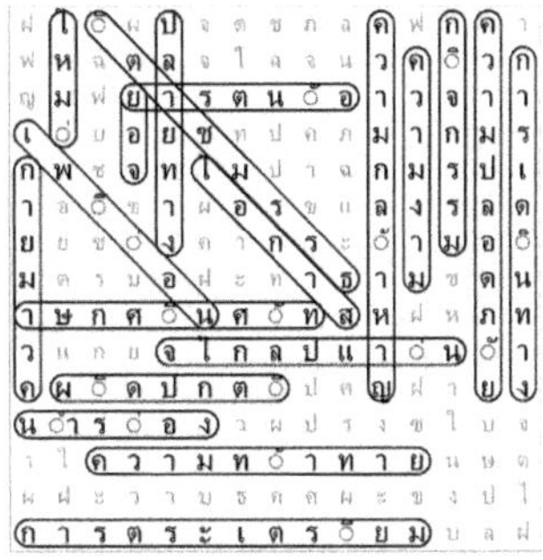

27 - Restaurant #2

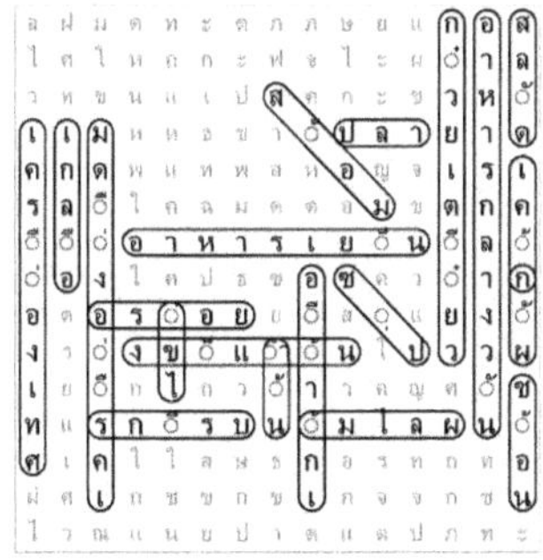

28 - Geology

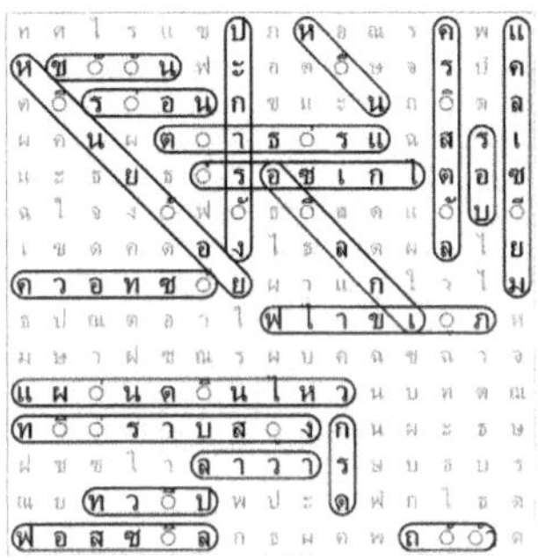

29 - House

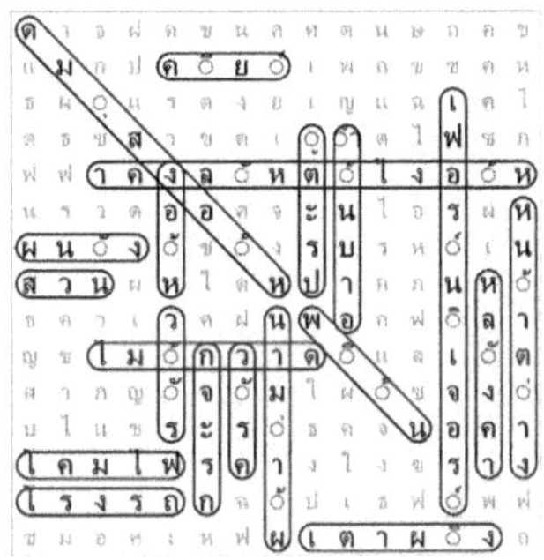

30 - Physics

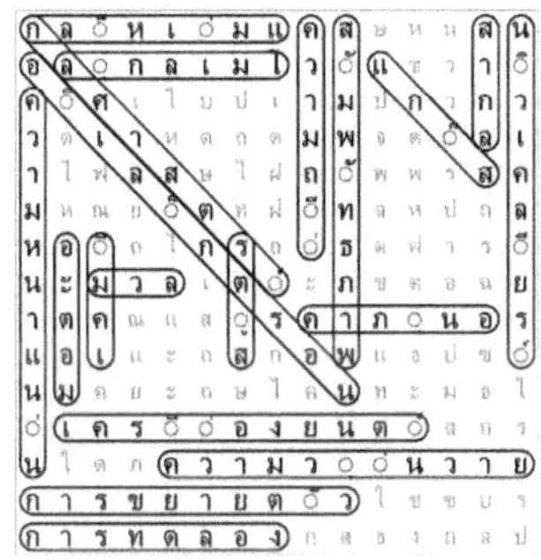

31 - Coffee

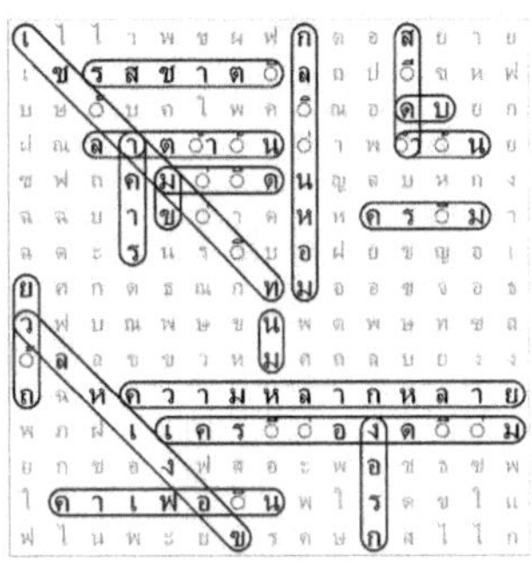

32 - Scientific Disciplines

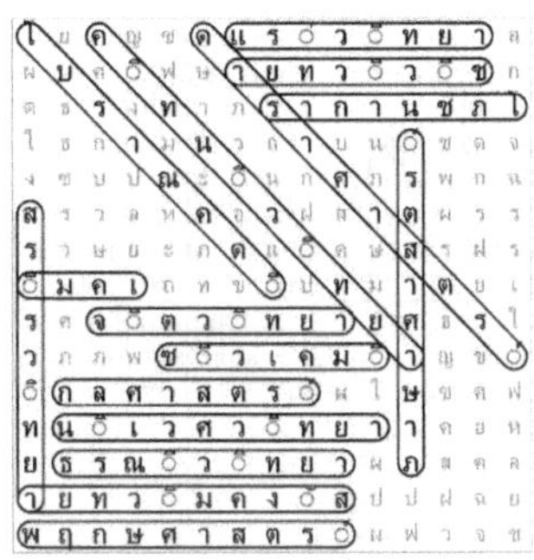

33 - Science

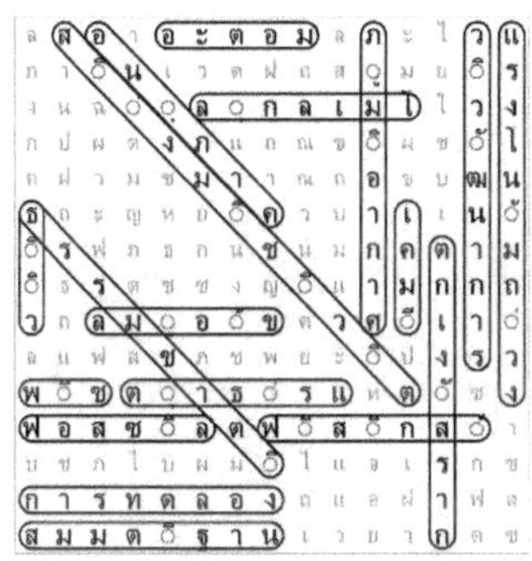

34 - Beauty

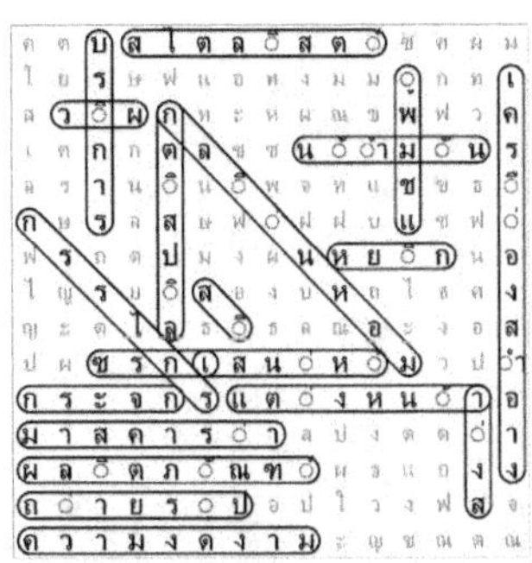

35 - Clothes

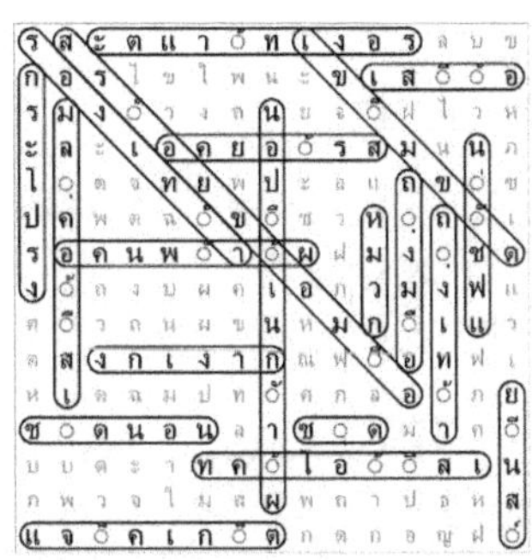

36 - Insects

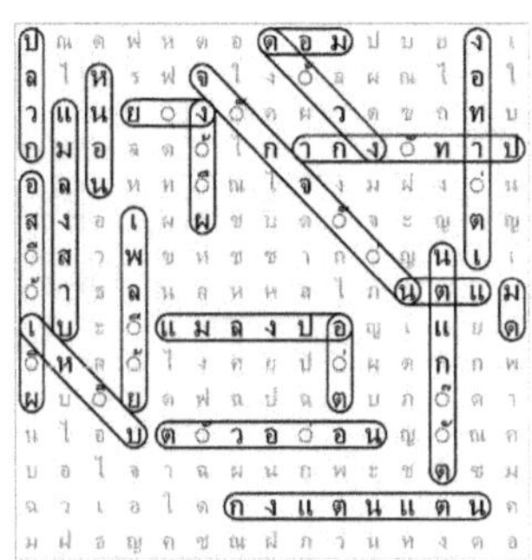

37 - Astronomy

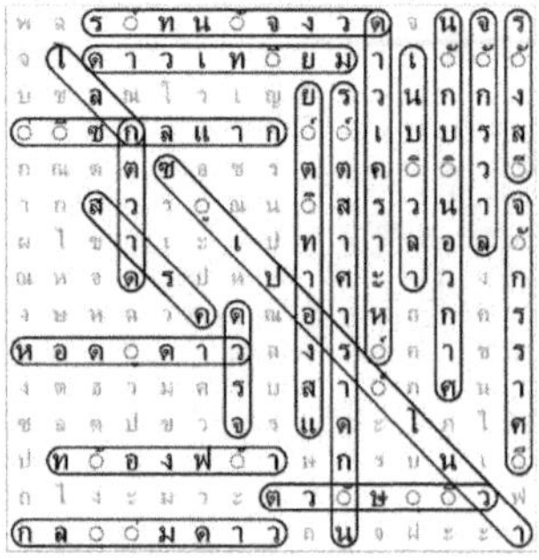

38 - Health and Wellness #2

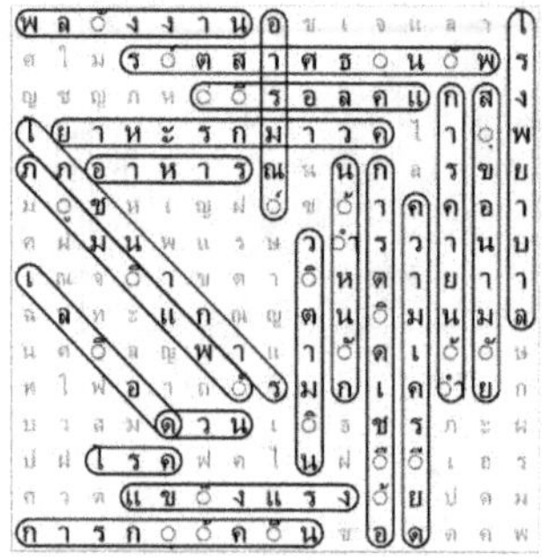

39 - Disease

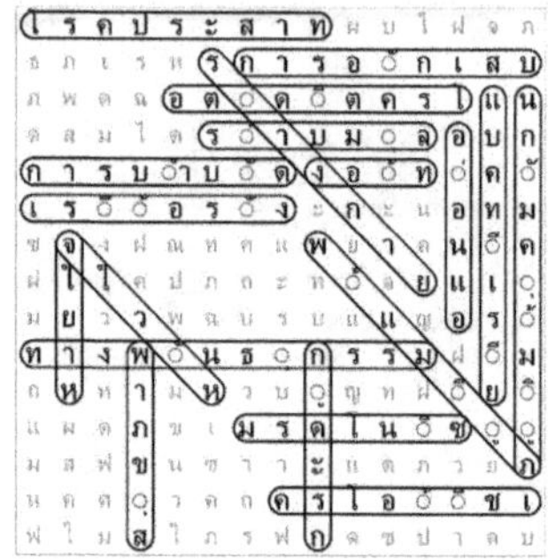

40 - Time

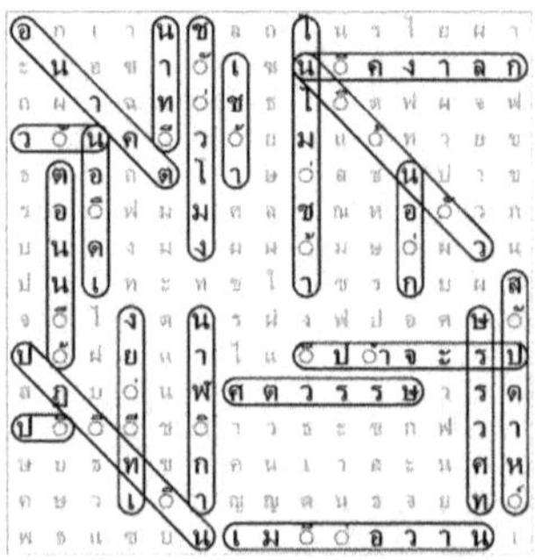

41 - Buildings

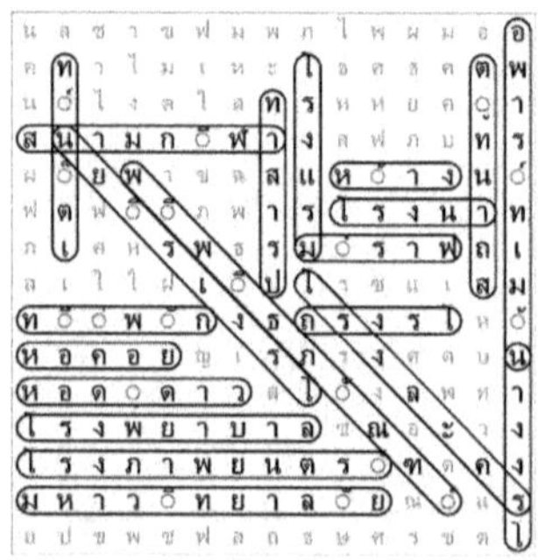

42 - Philanthropy

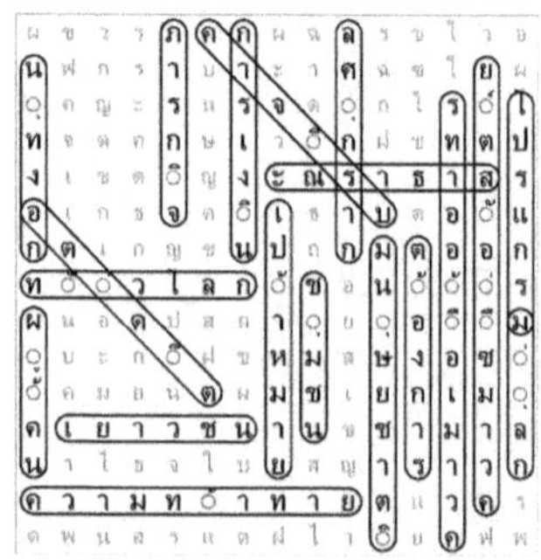

43 - Herbalism

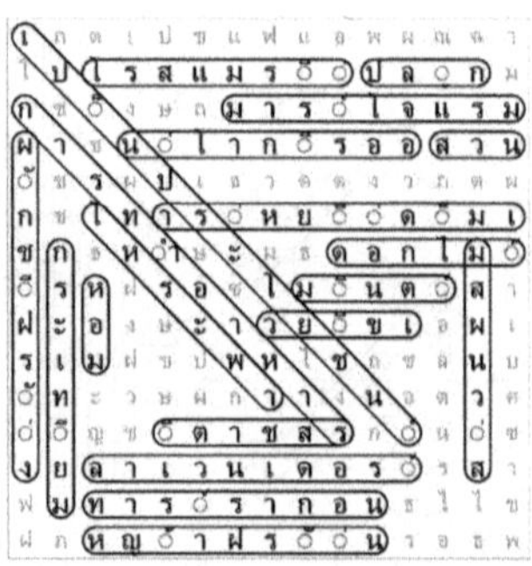

44 - Vehicles

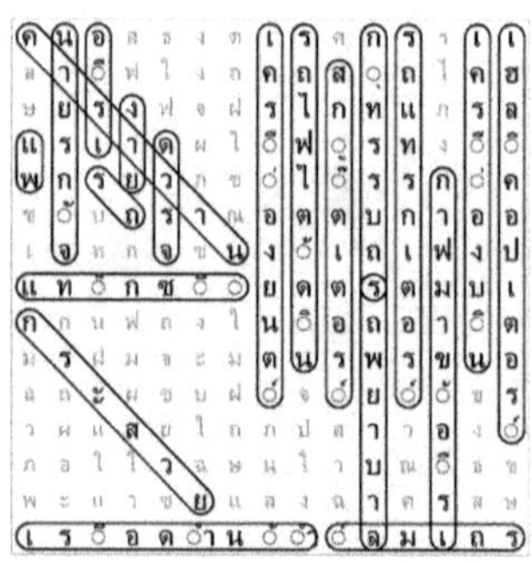

45 - Flowers

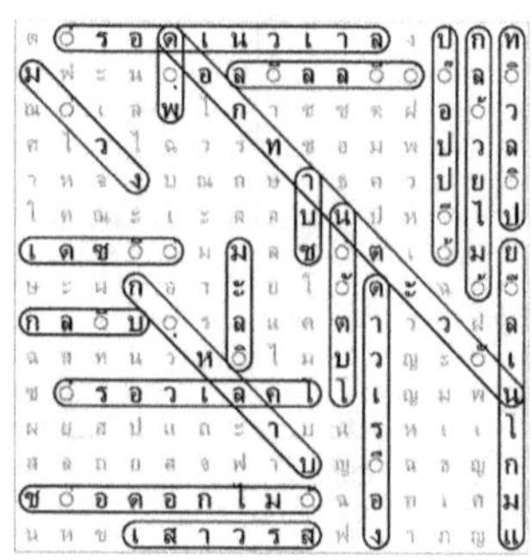

46 - Health and Wellness #1

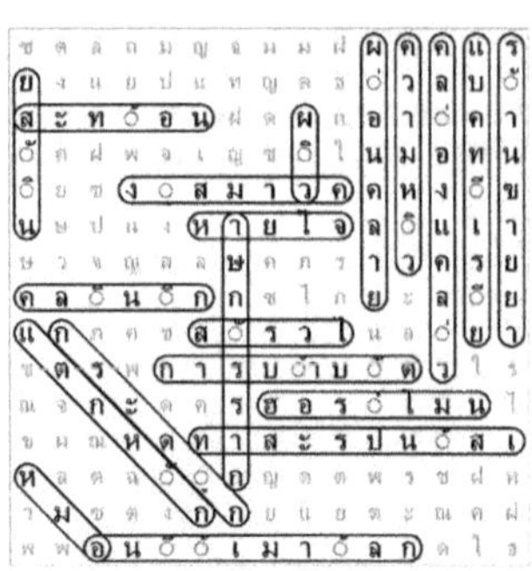

47 - Town

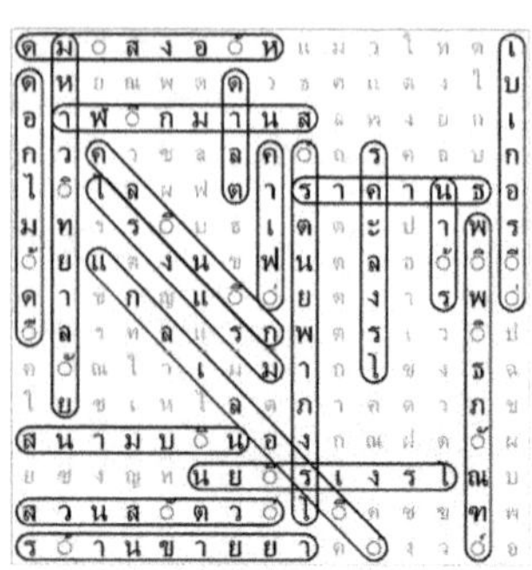

48 - Antarctica

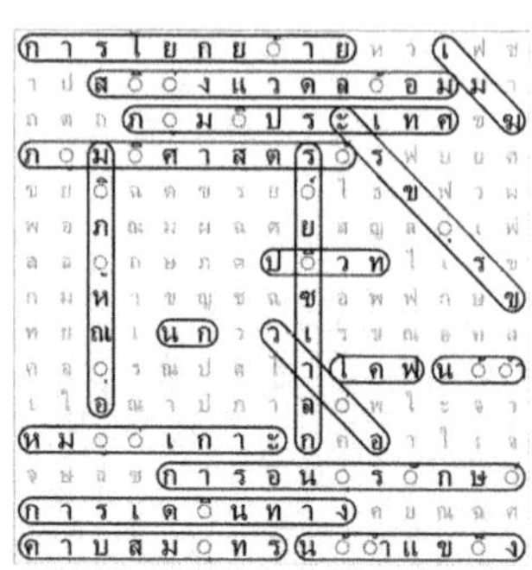

49 - Ballet

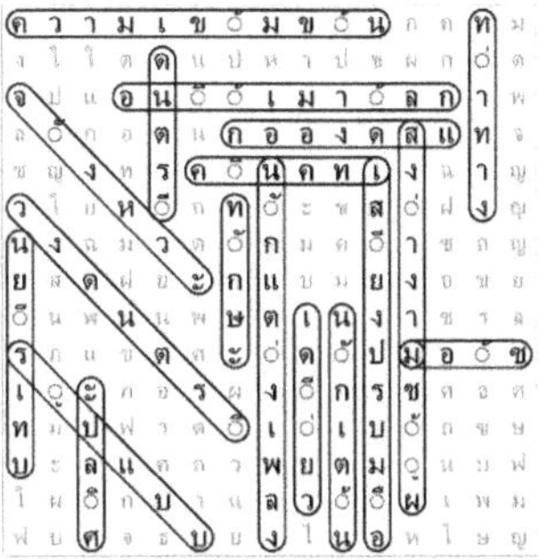

50 - Human Body

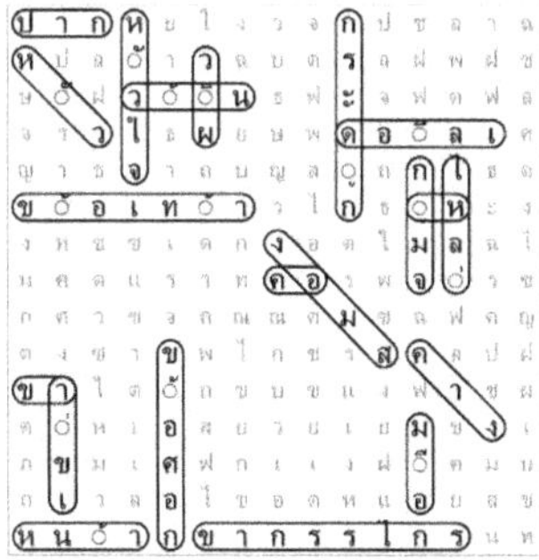

51 - Musical Instruments

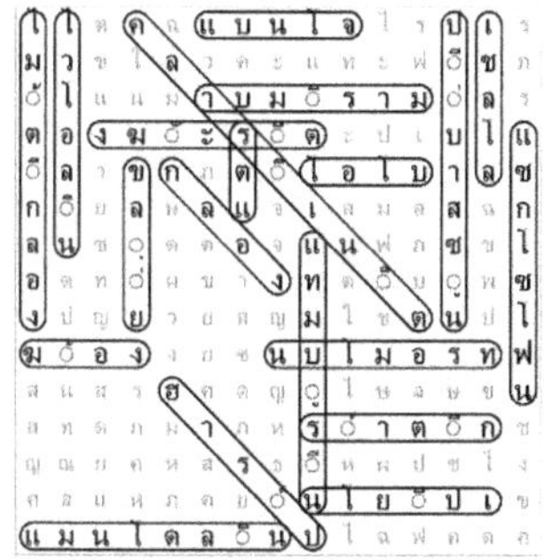

52 - Fruit

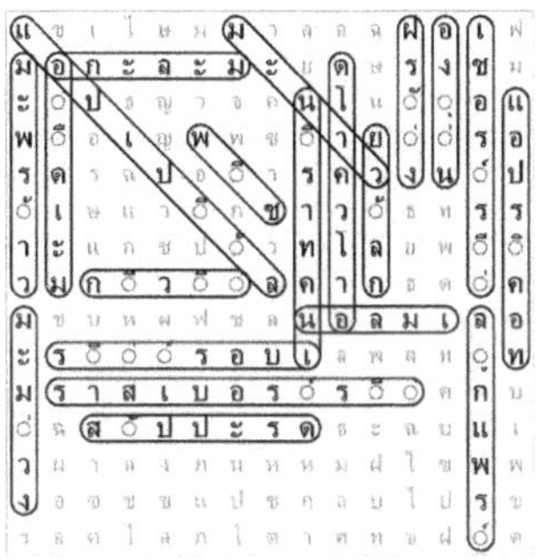

53 - Engineering

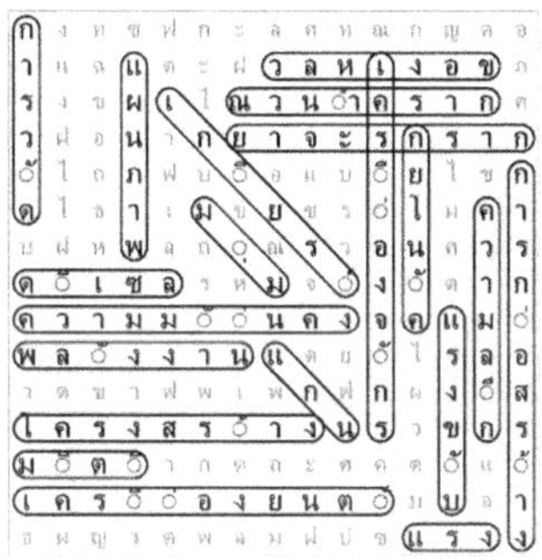

54 - Kitchen

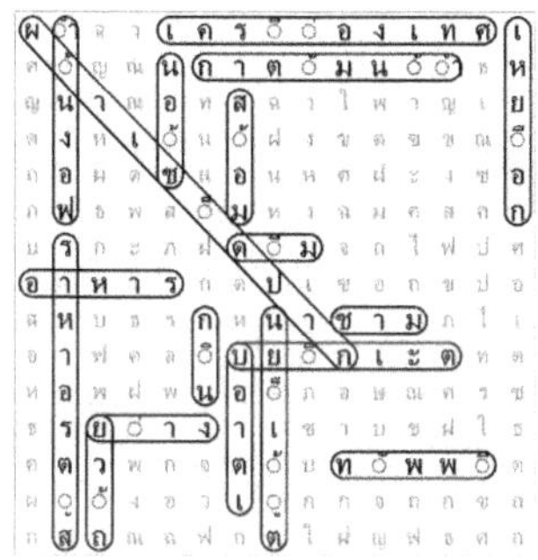

55 - Government

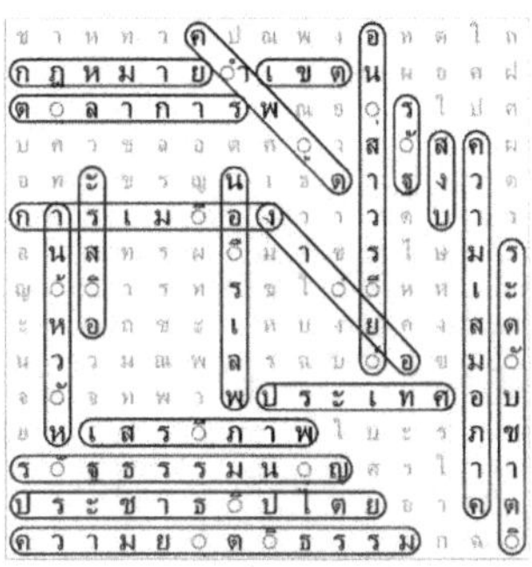

56 - Art Supplies

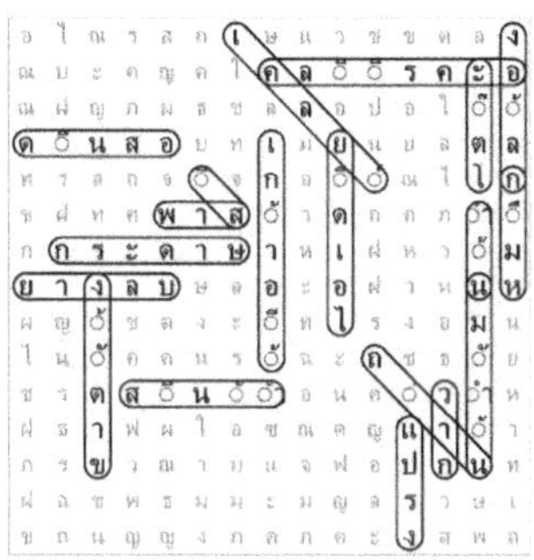

57 - Science Fiction

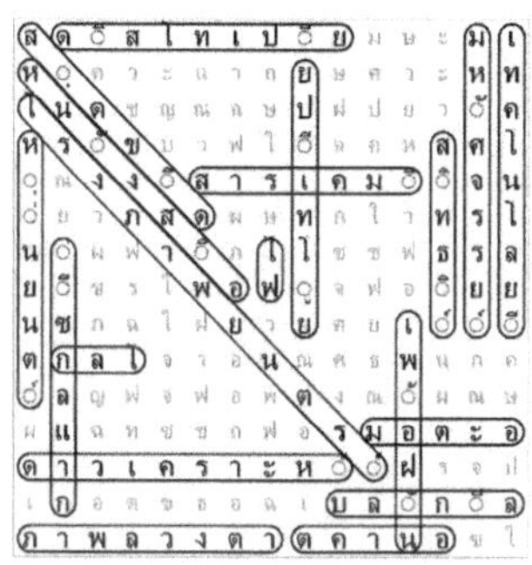

58 - Geometry

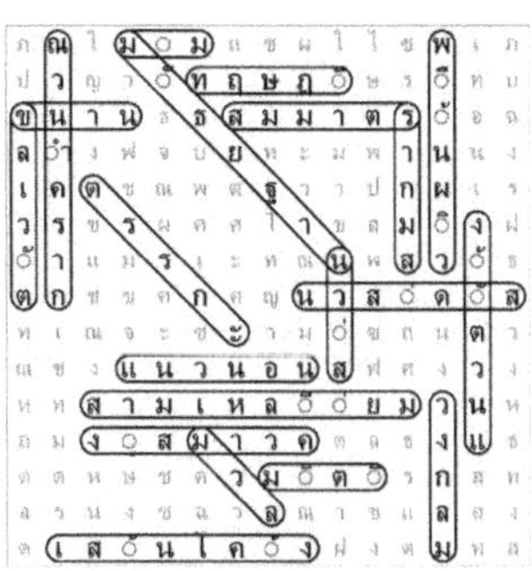

59 - Creativity

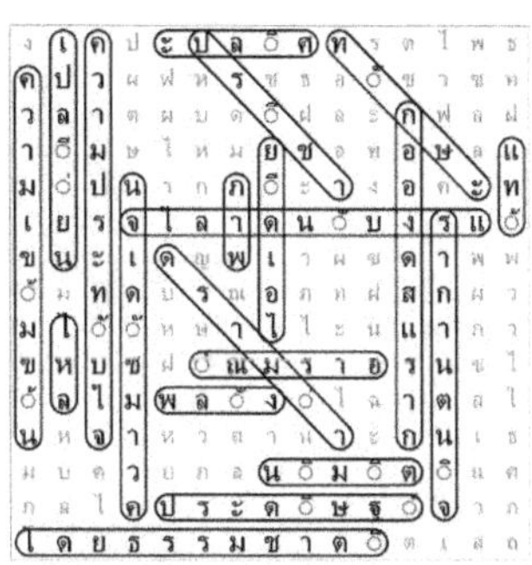

60 - Airplanes

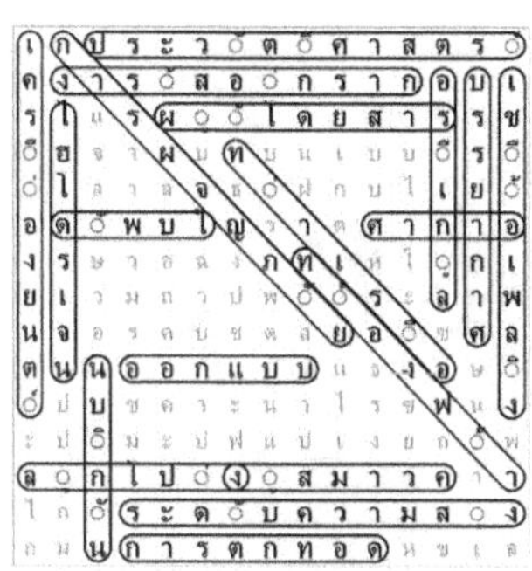

61 - Ocean

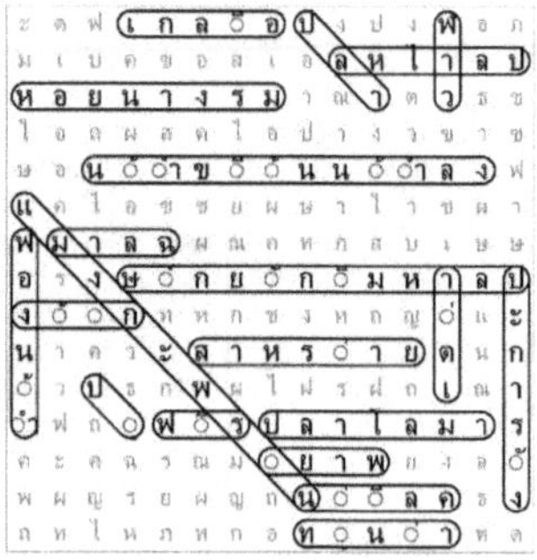

62 - Force and Gravity

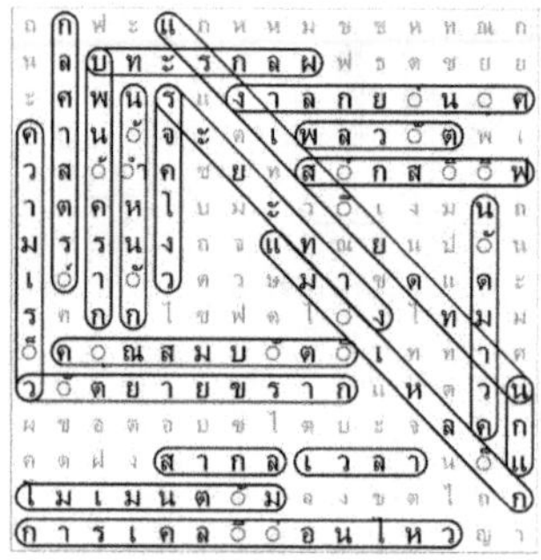

63 - Birds

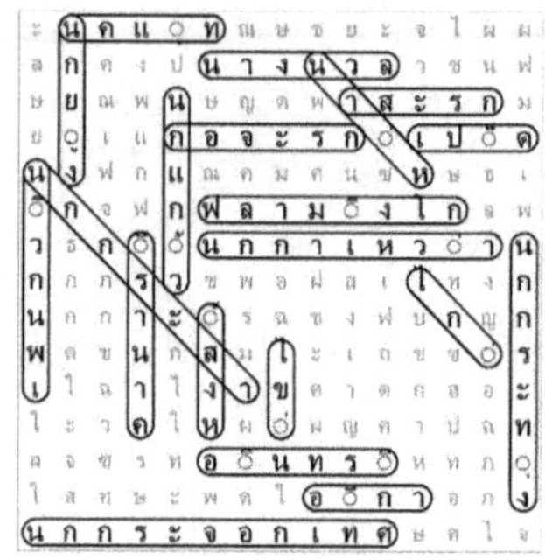

64 - Nutrition

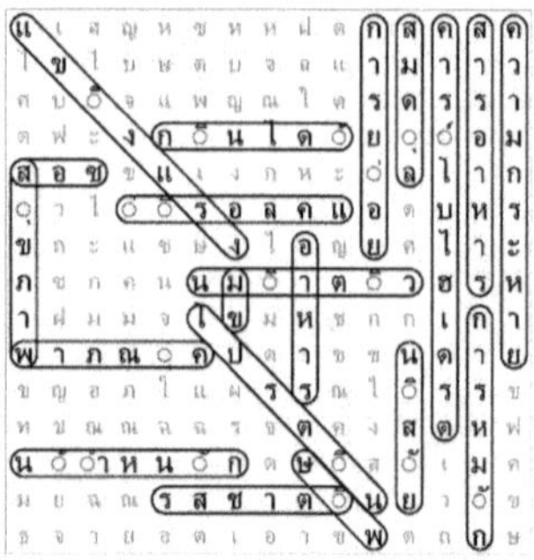

65 - Hiking

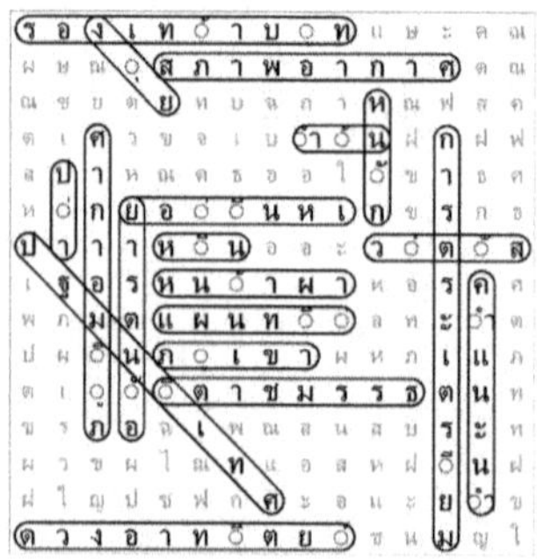

66 - Professions #1

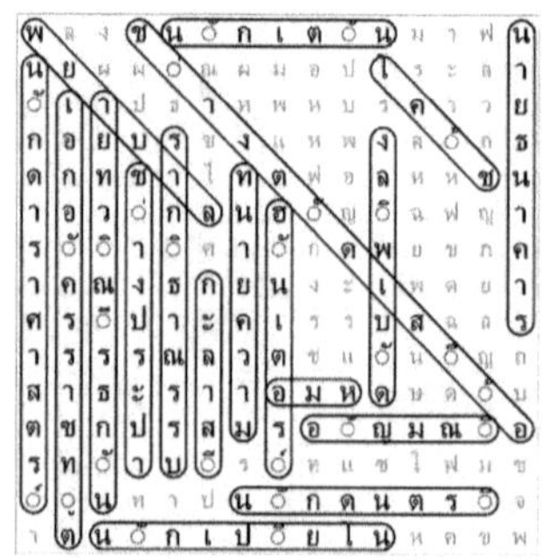

67 - Barbecues

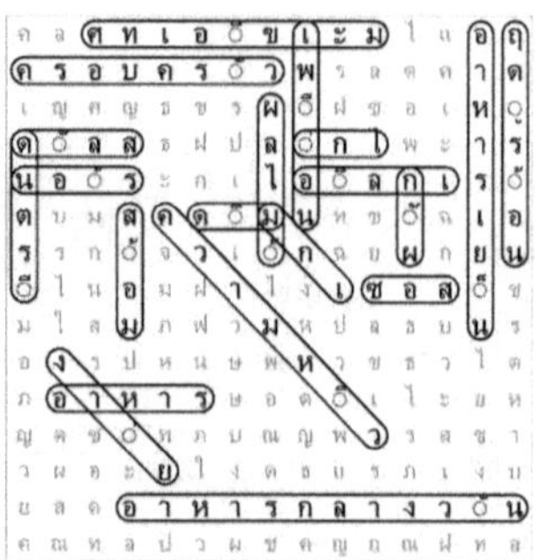

68 - Chocolate

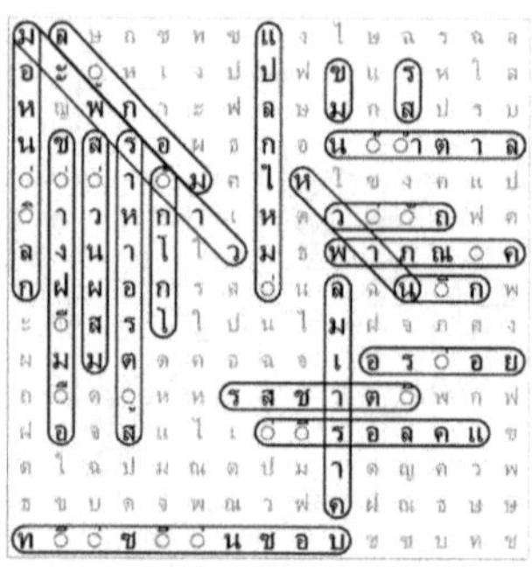

69 - Vegetables

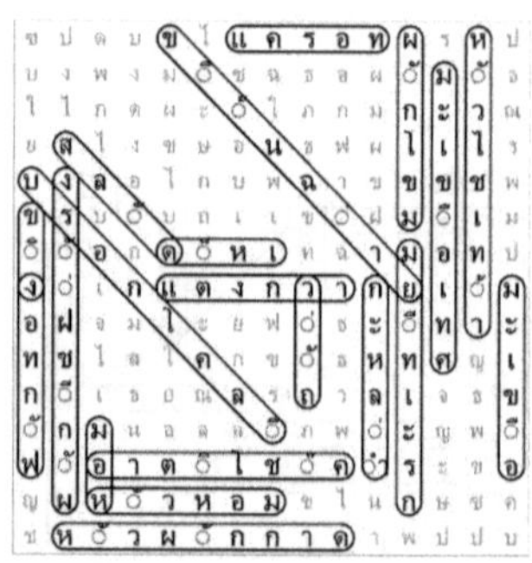

70 - The Media

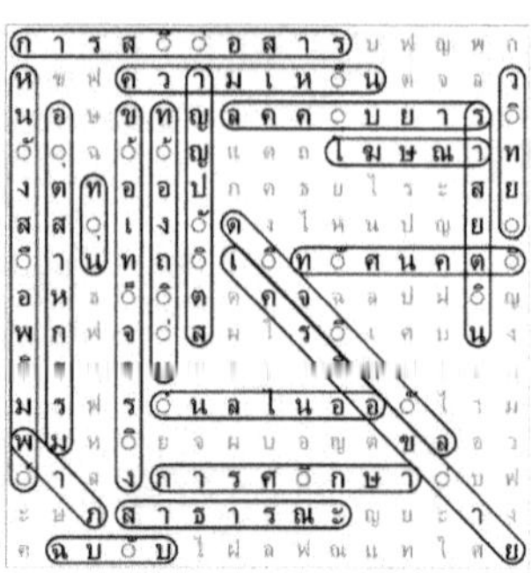

71 - Boats

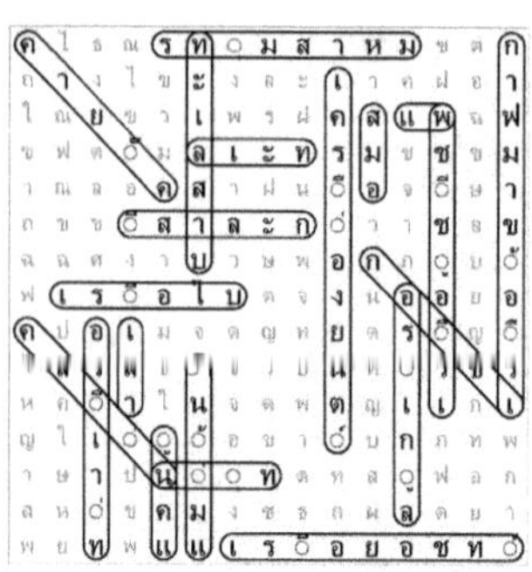

72 - Driving

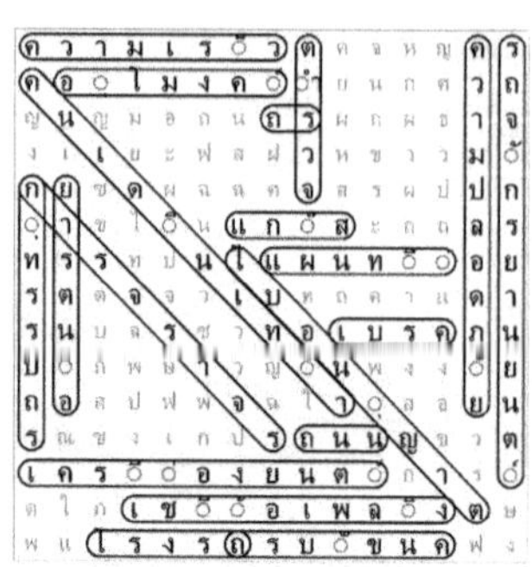

73 - Biology

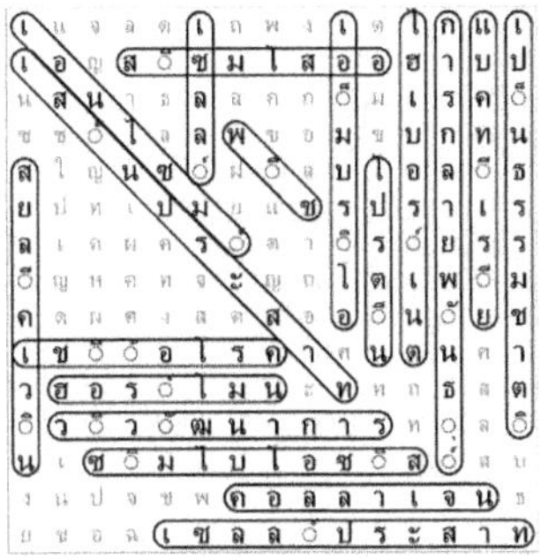

74 - Professions #2

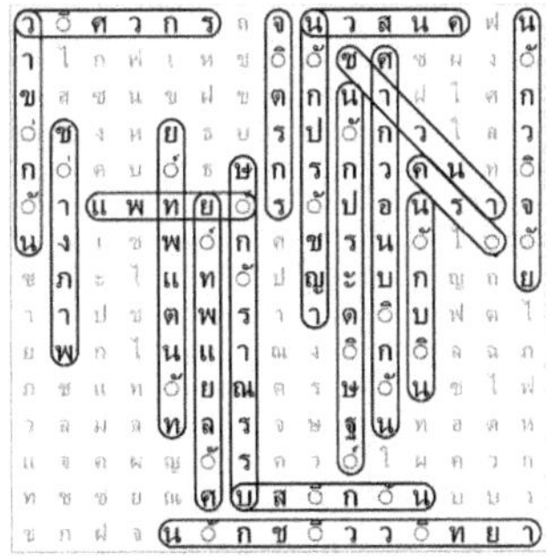

75 - Mythology

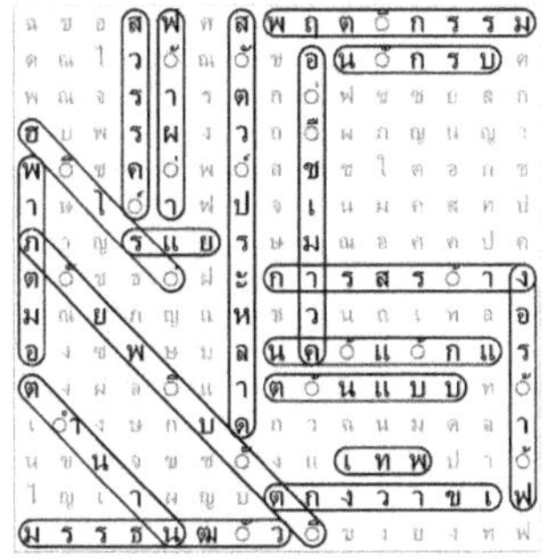

76 - Agronomy

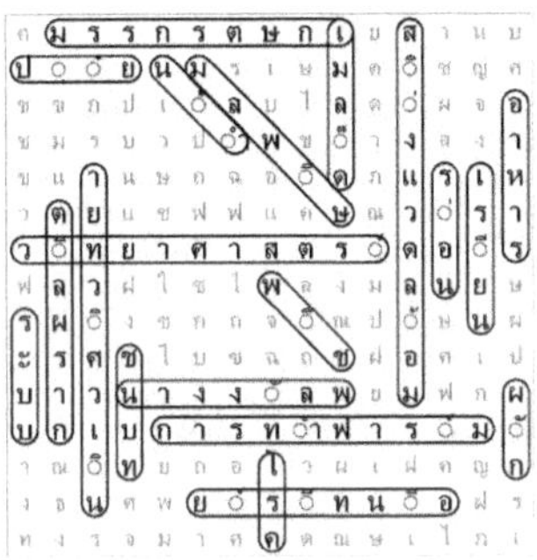

77 - Hair Types

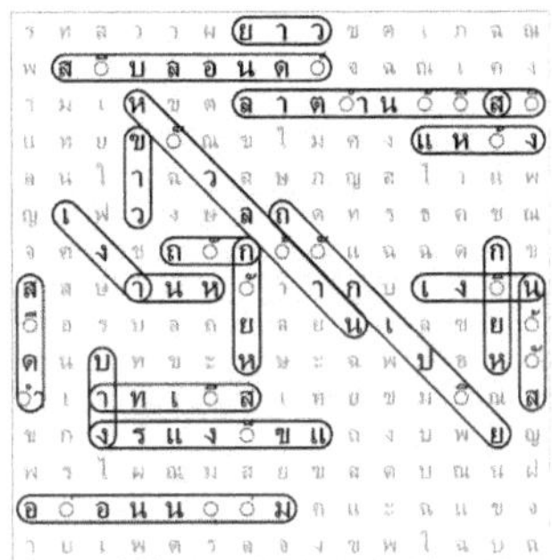

78 - Garden

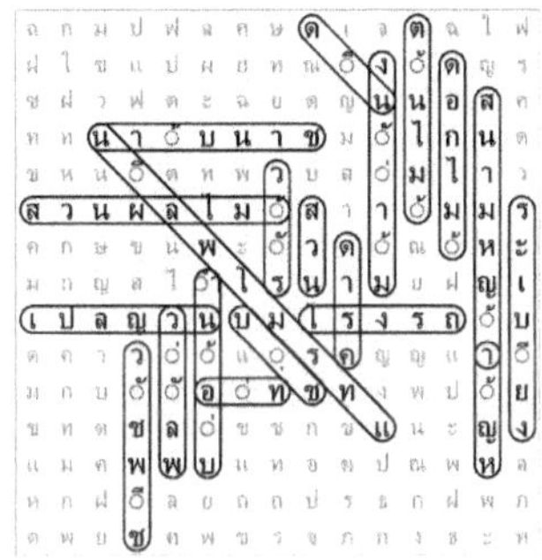

79 - Diplomacy

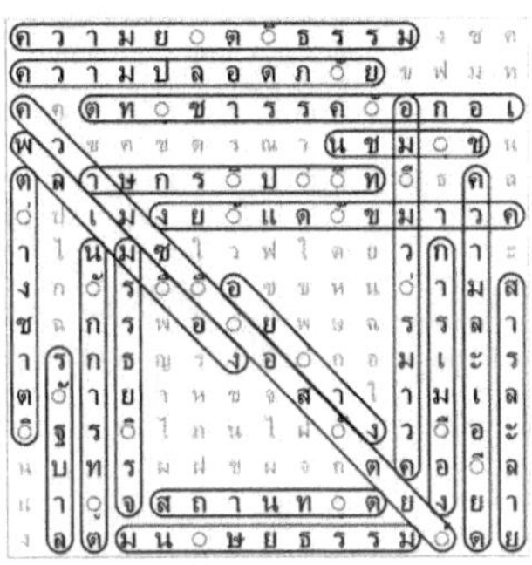

80 - Countries #1

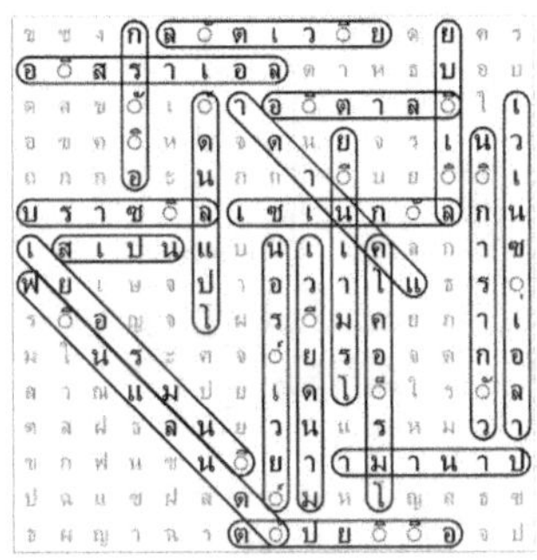

81 - Adjectives #1

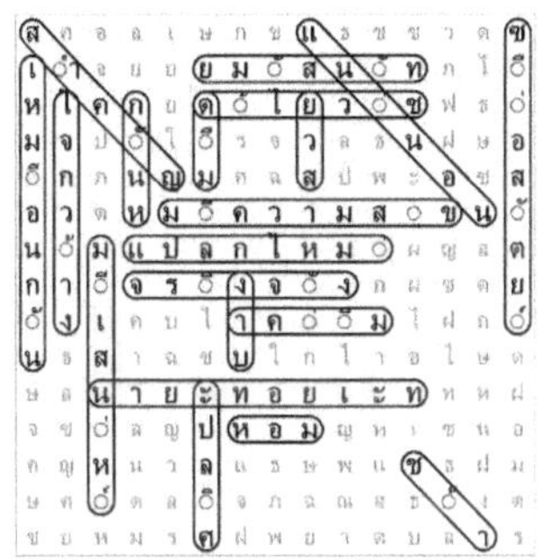

82 - Technology

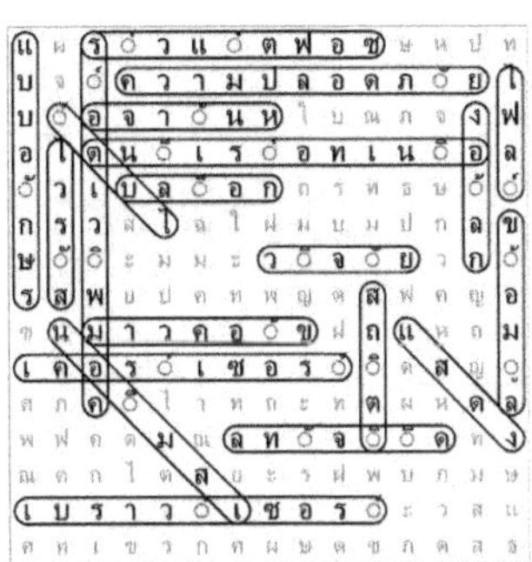

83 - Global Warming

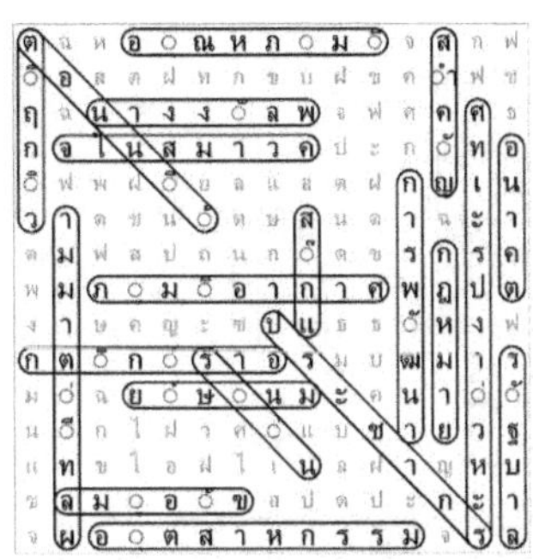

84 - Landscapes

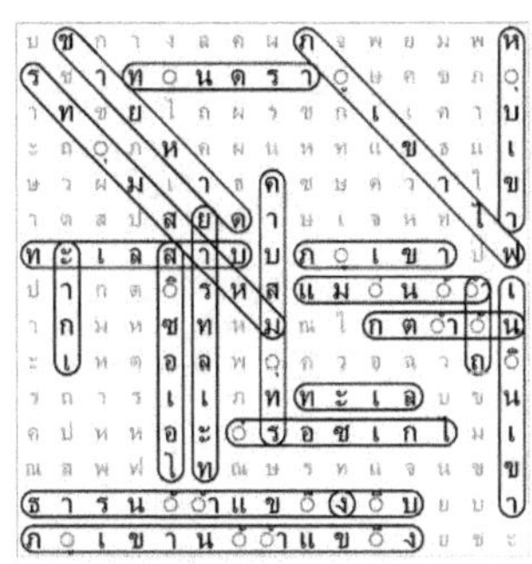

85 - Plants

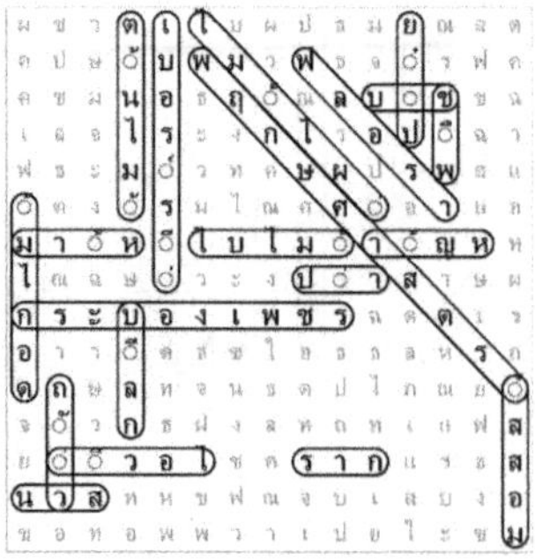

86 - Boxing

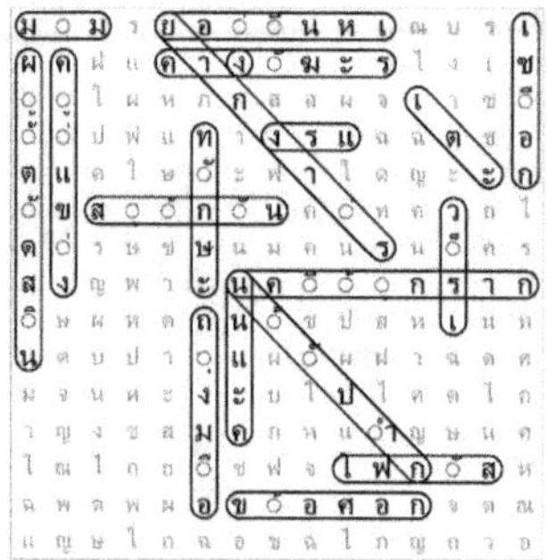

87 - Countries #2

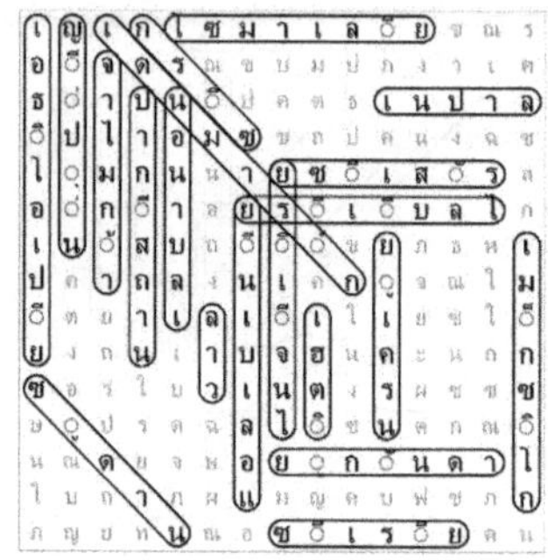

88 - Ecology

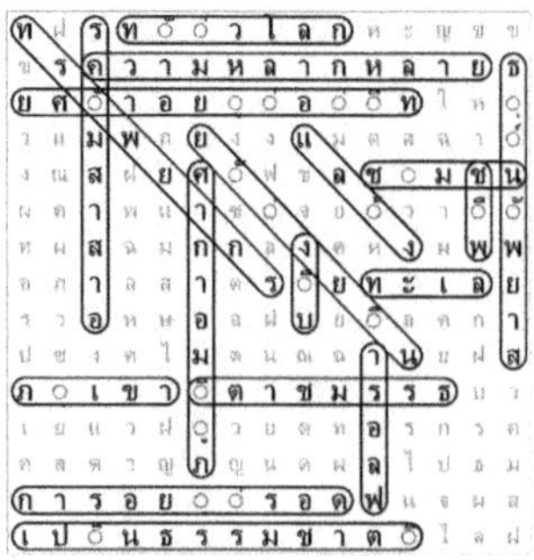

89 - Adjectives #2

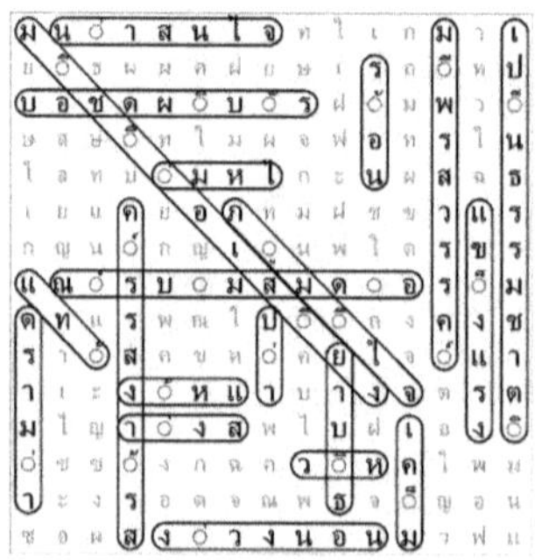

90 - Psychology

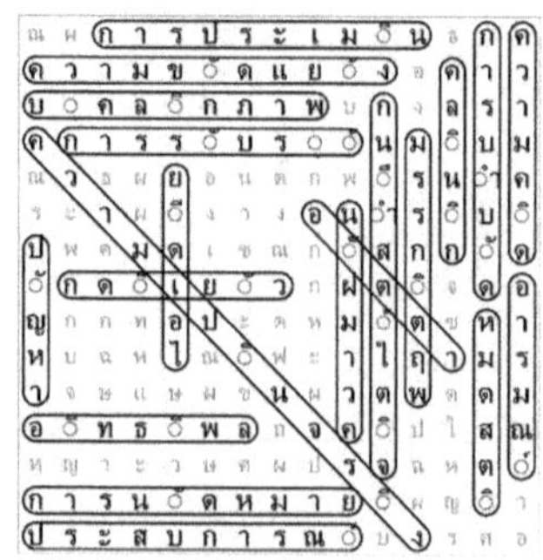

91 - Math

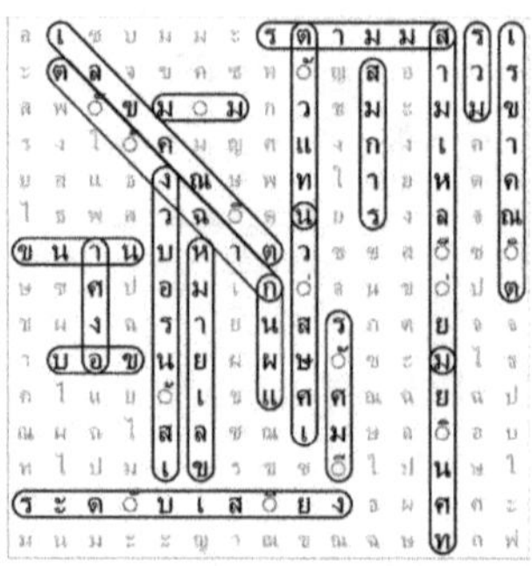

92 - Water

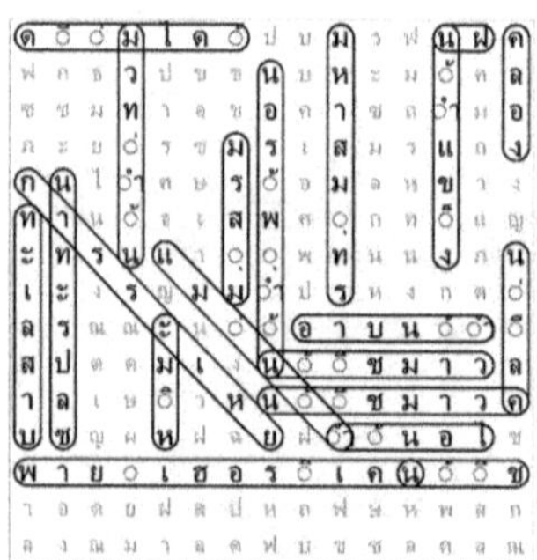

93 - Activities

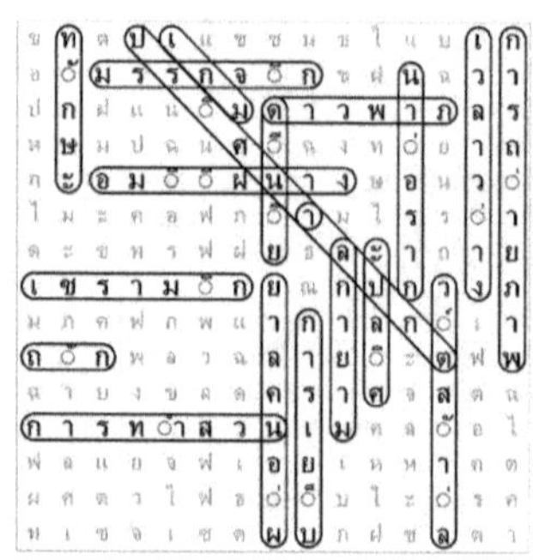

94 - Business

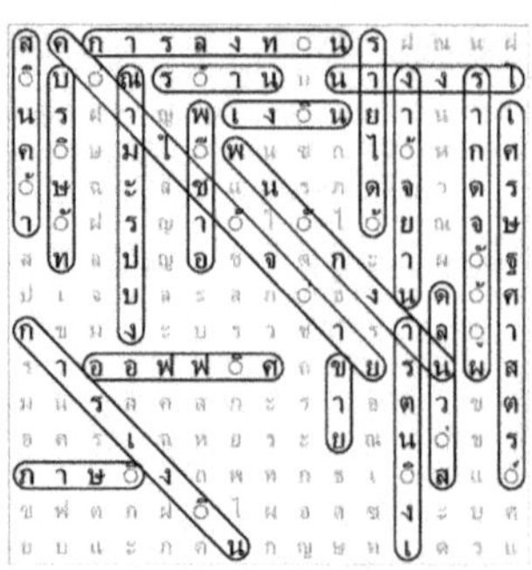

95 - The Company

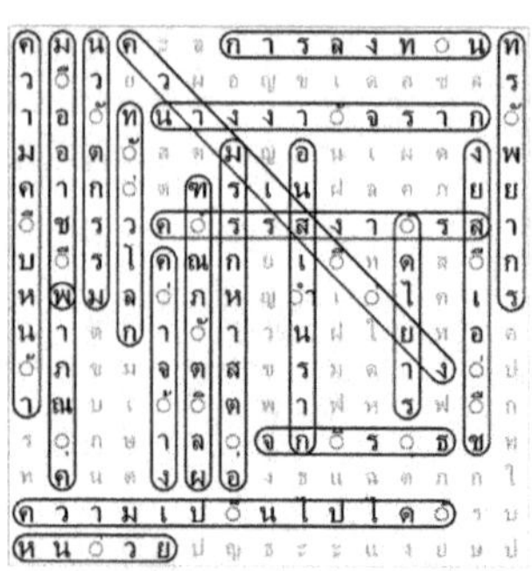

96 - Literature

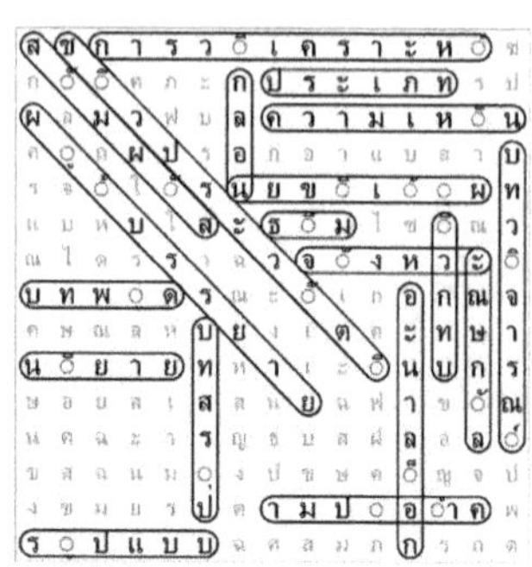

97 - Geography

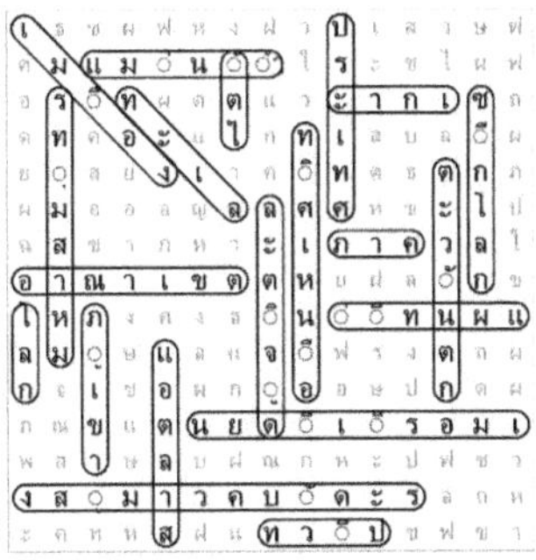

98 - Jazz

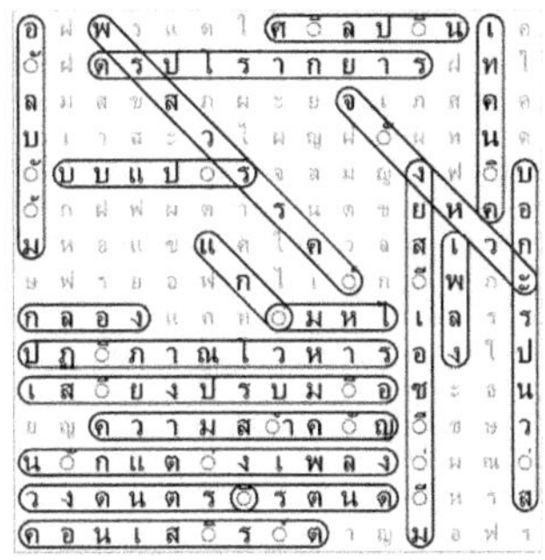

99 - Nature

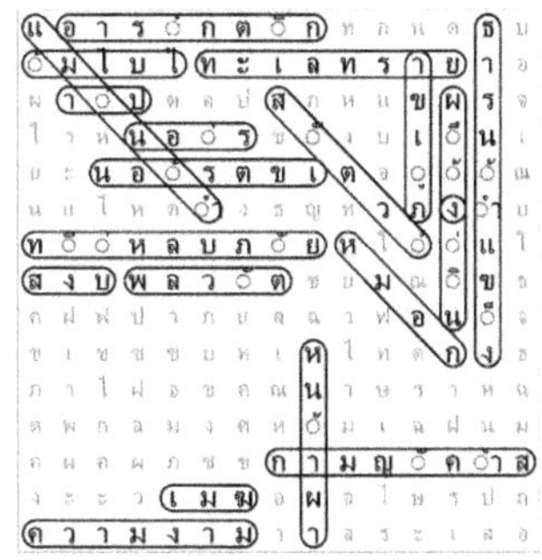

100 - Vacation #2

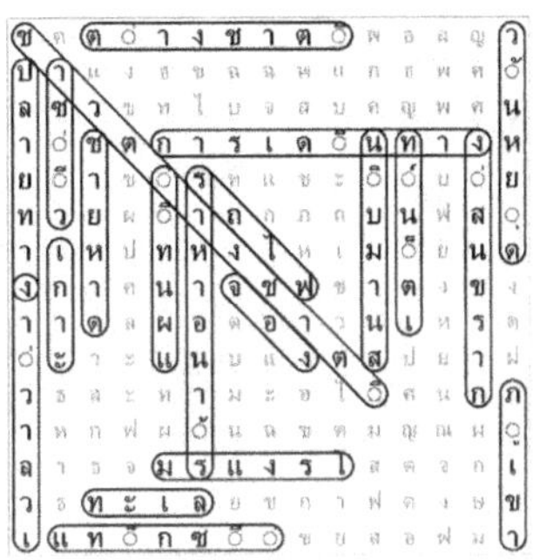

Dictionary

Activities
กิจกรรมต่างๆ

Activity	กิจกรรม
Art	ศิลปะ
Ceramics	เซรามิก
Crafts	งานฝีมือ
Fishing	ตกปลา
Games	เกม
Gardening	การทำสวน
Hunting	ล่าสัตว์
Knitting	ถัก
Leisure	เวลาว่าง
Magic	มายากล
Painting	ภาพวาด
Photography	การถ่ายภาพ
Pleasure	ยินดี
Puzzles	ปริศนา
Reading	การอ่าน
Relaxation	ผ่อนคลาย
Sewing	การเย็บ
Skill	ทักษะ

Adjectives #1
คำคุณศัพท์ #1

Absolute	แน่นอน
Ambitious	ทะเยอทะยาน
Aromatic	หอม
Artistic	ศิลปะ
Attractive	มีเสน่ห์
Beautiful	สวย
Dark	มืด
Exotic	แปลกใหม่
Generous	ใจกว้าง
Happy	มีความสุข
Heavy	หนัก
Helpful	ช่วยได้
Honest	ซื่อสัตย์
Identical	เหมือนกัน
Important	สำคัญ
Modern	ทันสมัย
Serious	จริงจัง
Slow	ช้า
Thin	บาง
Valuable	มีค่า

Adjectives #2
คำคุณศัพท์ #2

Authentic	แท้
Creative	สร้างสรรค์
Descriptive	ธิบาย
Dramatic	ดราม่า
Dry	แห้ง
Elegant	สง่า
Famous	มีชื่อเสียง
Gifted	มีพรสวรรค์
Healthy	แข็งแรง
Hot	ร้อน
Hungry	หิว
Interesting	น่าสนใจ
Natural	เป็นธรรมชาติ
New	ใหม่
Productive	อุดมสมบูรณ์
Proud	ภูมิใจ
Responsible	รับผิดชอบ
Salty	เค็ม
Sleepy	ง่วงนอน
Wild	ป่า

Adventure
การผจญภัย

Activity	กิจกรรม
Beauty	ความงาม
Bravery	ความกล้าหาญ
Challenges	ความท้าทาย
Chance	โอกาส
Dangerous	อันตราย
Destination	ปลายทาง
Difficulty	ความยาก
Excursion	ทัศนศึกษา
Friends	เพื่อน
Joy	จอย
Nature	ธรรมชาติ
Navigation	นำร่อง
New	ใหม่
Preparation	การตระเตรียม
Safety	ความปลอดภัย
Surprising	น่าแปลกใจ
Travels	การเดินทาง
Unusual	ผิดปกติ

Agronomy
ปฐพีวิทยา

Agriculture	เกษตรกรรม
Diseases	โรค
Ecology	นิเวศวิทยา
Energy	พลังงาน
Environment	สิ่งแวดล้อม
Erosion	ร่อน
Farming	การทำฟาร์ม
Fertilizer	ปุ๋ย
Food	อาหาร
Organic	อินทรีย์
Plants	พืช
Pollution	มลพิษ
Production	การผลิต
Rural	ชนบท
Science	วิทยาศาสตร์
Seeds	เมล็ด
Study	เรียน
Systems	ระบบ
Vegetables	ผัก
Water	น้ำ

Airplanes
เครื่องบิน

Adventure	การผจญภัย
Air	อากาศ
Altitude	ระดับความสูง
Atmosphere	บรรยากาศ
Balloon	ลูกโป่ง
Construction	การก่อสร้าง
Crew	ลูกเรือ
Descent	การตกทอด
Design	ออกแบบ
Engine	เครื่องยนต์
Fuel	เชื้อเพลิง
Height	ความสูง
History	ประวัติศาสตร์
Hydrogen	ไฮโดรเจน
Landing	ท่าเรือ
Passenger	ผู้โดยสาร
Pilot	นักบิน
Propellers	ใบพัด
Sky	ท้องฟ้า
Turbulence	ความปั่นป่วน

Algebra
พีชคณิต

Diagram	แผนภาพ
Division	แผนก
Equation	สมการ
Exponent	ตัวแทน
Factor	ปัจจัย
False	เท็จ
Formula	สูตร
Fraction	เศษส่วน
Graph	กราฟ
Infinite	อนันต์
Linear	เชิงเส้น
Matrix	เมตริกซ์
Number	ตัวเลข
Parenthesis	วงเล็บ
Problem	ปัญหา
Simplify	ทำ
Solution	สารละลาย
Subtraction	การลบ
Variable	ตัวแปร
Zero	ศูนย์

Antarctica
ทวีปแอนตาร์กติกา

Bay	อ่าว
Birds	นก
Clouds	เมฆ
Conservation	การอนุรักษ์
Continent	ทวีป
Cove	โคฟ
Environment	สิ่งแวดล้อม
Expedition	การเดินทาง
Geography	ภูมิศาสตร์
Glaciers	กลาเซียร์
Ice	น้ำแข็ง
Islands	หมู่เกาะ
Migration	การโยกย้าย
Peninsula	คาบสมุทร
Researcher	นักวิจัย
Rocky	ขรุขระ
Scientific	วิทยาศาสตร์
Temperature	อุณหภูมิ
Topography	ภูมิประเทศ
Water	น้ำ

Antiques
ของเก่า

Art	ศิลปะ
Auction	ประมูล
Authentic	แท้
Century	ศตวรรษ
Coins	เหรียญ
Collector	นักสะสม
Decades	ทศวรรษ
Decorative	ตกแต่ง
Elegant	สง่า
Furniture	เฟอร์นิเจอร์
Gallery	แกลเลอรี่
Investment	การลงทุน
Old	แก่
Price	ราคา
Quality	คุณภาพ
Restoration	การฟื้นฟู
Sculpture	ประติมากรรม
Style	รูปแบบ
Unusual	ผิดปกติ
Value	ค่า

Archeology
โบราณคดี

Analysis	การวิเคราะห์
Ancient	โบราณ
Antiquity	สมัยโบราณ
Bones	กระดูก
Civilization	อารยธรรม
Descendant	ลูกหลาน
Era	ยุค
Evaluation	การประเมิน
Expert	ผู้เชี่ยวชาญ
Forgotten	ลืม
Fossil	ฟอสซิล
Fragments	เศษ
Mystery	ความลึกลับ
Objects	วัตถุ
Relic	ของที่ระลึก
Researcher	นักวิจัย
Team	ทีม
Temple	วัด
Tomb	หลุมฝังศพ
Unknown	ไม่ทราบ

Art Supplies
อุปกรณ์ศิลปะ

Acrylic	อะคริลิค
Brushes	แปรง
Camera	กล้อง
Chair	เก้าอี้
Charcoal	ถ่าน
Clay	เคลย์
Colors	สี
Easel	ขาตั้ง
Eraser	ยางลบ
Glue	กาว
Ideas	ไอเดีย
Ink	หมึก
Oil	น้ำมัน
Paper	กระดาษ
Pastels	พาส
Pencils	ดินสอ
Table	โต๊ะ
Water	น้ำ
Watercolors	สีน้ำ

Astronomy
ดาราศาสตร์

Astronaut	นักบินอวกาศ
Astronomer	นักดาราศาสตร์
Constellation	กลุ่มดาว
Earth	โลก
Eclipse	คราส
Equinox	วิษุวัต
Galaxy	กาแลกซี่
Meteor	ดาวตก
Moon	ดวงจันทร์
Nebula	เนบิวลา
Observatory	หอดูดาว
Planet	ดาวเคราะห์
Radiation	รังสี
Rocket	จรวด
Satellite	ดาวเทียม
Sky	ท้องฟ้า
Solar	แสงอาทิตย์
Supernova	ซูเปอร์โนวา
Universe	จักรวาล
Zodiac	จักรราศี

Ballet
บัลเล่ต์

Applause	เสียงปรบมือ
Artistic	ศิลปะ
Audience	ผู้ชม
Composer	นักแต่งเพลง
Dancers	นักเต้น
Expressive	แสดงออก
Gesture	ท่าทาง
Graceful	สง่างาม
Intensity	ความเข้มข้น
Lessons	บทเรียน
Muscles	กล้ามเนื้อ
Music	ดนตรี
Orchestra	วงดนตรี
Practice	ซ้อม
Rhythm	จังหวะ
Skill	ทักษะ
Solo	เดี่ยว
Style	รูปแบบ
Technique	เทคนิค

Barbecues
บาร์บีคิว

Chicken	ไก่
Dinner	อาหารเย็น
Family	ครอบครัว
Food	อาหาร
Forks	ส้อม
Friends	เพื่อน
Fruit	ผลไม้
Games	เกม
Grill	ย่าง
Hot	ร้อน
Hunger	ความหิว
Knives	มีด
Lunch	อาหารกลางวัน
Music	ดนตรี
Salads	สลัด
Salt	เกลือ
Sauce	ซอส
Summer	ฤดูร้อน
Tomatoes	มะเขือเทศ
Vegetables	ผัก

Beauty
ความงาม

Charm	เสน่ห์
Color	สี
Cosmetics	เครื่องสำอาง
Curls	หยิก
Elegance	ความงดงาม
Elegant	สง่า
Fragrance	กลิ่นหอม
Grace	เกรซ
Lipstick	ลิปสติก
Makeup	แต่งหน้า
Mascara	มาสคาร่า
Mirror	กระจก
Oils	น้ำมัน
Photogenic	ถ่ายรูป
Products	ผลิตภัณฑ์
Scissors	กรรไกร
Services	บริการ
Shampoo	แชมพู
Skin	ผิว
Stylist	สไตลิสต์

Bees
ผึ้ง

Beneficial	เป็นประโยชน์
Blossom	ดอก
Diversity	ความหลากหลาย
Ecosystem	ระบบนิเวศ
Flowers	ดอกไม้
Food	อาหาร
Fruit	ผลไม้
Garden	สวน
Habitat	ที่อยู่อาศัย
Hive	รัง
Honey	น้ำผึ้ง
Insect	แมลง
Plants	พืช
Pollen	เรณู
Queen	ควีน
Smoke	ควัน
Sun	ดวงอาทิตย์
Swarm	ฝูง
Wax	ขี้ผึ้ง
Wings	ปีก

Biology
ชีววิทยา

Bacteria	แบคทีเรีย
Cell	เซลล์
Chromosome	โครโมโซม
Collagen	คอลลาเจน
Embryo	เอ็มบริโอ
Enzyme	เอนไซม์
Evolution	วิวัฒนาการ
Hibernation	ไฮเบอร์เนต
Hormone	ฮอร์โมน
Mutation	การกลายพันธุ์
Natural	เป็นธรรมชาติ
Nerve	เส้นประสาท
Neuron	เซลล์ประสาท
Nucleus	นิวเคลียส
Osmosis	ออสโมซิส
Pathogen	เชื้อโรค
Plants	พืช
Protein	โปรตีน
Symbiosis	ซิมไบโอซิส
Synapse	ไซแนปส์

Birds
นก

Canary	คานารี
Chicken	ไก่
Crow	อีกา
Cuckoo	นกกาเหว่า
Duck	เป็ด
Eagle	อินทรี
Egg	ไข่
Flamingo	ฟลามิงโก
Goose	ห่าน
Gull	นางนวล
Heron	กระสา
Ostrich	นกกระจอกเทศ
Parrot	นกแก้ว
Peacock	นกยูง
Pelican	นกกระทุง
Penguin	เพนกวิน
Sparrow	กระจอก
Stork	นกกระสา
Swan	หงส์
Toucan	ทูแคน

Boats
เรือ

Anchor	สมอ
Buoy	ทุ่น
Canoe	แคนู
Crew	ลูกเรือ
Dock	ท่าเรือ
Engine	เครื่องยนต์
Ferry	เรือข้ามฟาก
Kayak	คายัค
Lake	ทะเลสาบ
Lifeboat	เรือชูชีพ
Mast	เสา
Ocean	มหาสมุทร
Raft	แพ
River	แม่น้ำ
Rope	เชือก
Sailboat	เรือใบ
Sailor	กะลาสี
Sea	ทะเล
Waves	คลื่น
Yacht	เรือยอชท์

Books
หนังสือ

Adventure	การผจญภัย
Author	ผู้เขียน
Collection	ชุด
Context	บริบท
Duality	ความเป็นคู่
Epic	มหากาพย์
Historical	ประวัติศาสตร์
Humorous	ตลก
Inventive	ประดิษฐ์
Literary	วรรณกรรม
Narrator	ผู้บรรยาย
Novel	นิยาย
Page	หน้า
Poem	กลอน
Poetry	บทกวี
Reader	ผู้อ่าน
Relevant	ที่เกี่ยวข้อง
Story	เรื่องราว
Tragic	อนาถ
Written	เขียน

Boxing
การต่อยมวย

Bell	ระฆัง
Body	ร่างกาย
Chin	คาง
Corner	มุม
Elbow	ข้อศอก
Exhausted	เหนื่อย
Fighter	นักสู้
Fist	กำปั้น
Focus	โฟกัส
Gloves	ถุงมือ
Kick	เตะ
Opponent	คู่แข่ง
Points	คะแนน
Quick	เร็ว
Recovery	การกู้คืน
Referee	ผู้ตัดสิน
Ropes	เชือก
Skill	ทักษะ
Strength	แรง

Buildings
สิ่งปลูกสร้าง

Apartment	อพาร์ทเม้น
Barn	โรงนา
Cabin	ห้าง
Castle	ปราสาท
Cinema	โรงภาพยนตร์
Embassy	สถานทูต
Factory	โรงงาน
Farm	ฟาร์ม
Garage	โรงรถ
Hospital	โรงพยาบาล
Hostel	ที่พัก
Hotel	โรงแรม
Museum	พิพิธภัณฑ์
Observatory	หอดูดาว
School	โรงเรียน
Stadium	สนามกีฬา
Tent	เต็นท์
Theater	โรงละคร
Tower	หอคอย
University	มหาวิทยาลัย

Business
ธุรกิจ

Budget	งบประมาณ
Career	อาชีพ
Company	บริษัท
Cost	ค่าใช้จ่าย
Currency	เงินตรา
Discount	ส่วนลด
Economics	เศรษฐศาสตร์
Employee	พนักงาน
Employer	นายจ้าง
Factory	โรงงาน
Finance	การเงิน
Income	รายได้
Investment	การลงทุน
Manager	ผู้จัดการ
Merchandise	สินค้า
Money	เงิน
Office	ออฟฟิศ
Sale	ขาย
Shop	ร้าน
Taxes	ภาษี

Camping
ค่ายพักแรม

Adventure	การผจญภัย
Animals	สัตว์
Cabin	ห้าง
Canoe	แคนู
Compass	เข็มทิศ
Fire	ไฟ
Forest	ป่า
Fun	สนุก
Hammock	เปลญวน
Hat	หมวก
Hunting	ล่าสัตว์
Insect	แมลง
Lake	ทะเลสาบ
Map	แผนที่
Moon	ดวงจันทร์
Mountain	ภูเขา
Nature	ธรรมชาติ
Rope	เชือก
Tent	เต็นท์
Trees	ต้นไม้

Chemistry
เคมีภัณฑ์

Acid	กรด
Alkaline	ด่าง
Atomic	อะตอม
Carbon	คาร์บอน
Catalyst	ตัวเร่ง
Chlorine	คลอรีน
Electron	อิเล็กตรอน
Enzyme	เอนไซม์
Gas	แก๊ส
Heat	ความร้อน
Hydrogen	ไฮโดรเจน
Ion	ไอออน
Liquid	ของเหลว
Molecule	โมเลกุล
Nuclear	นิวเคลียร์
Organic	อินทรีย์
Oxygen	ออกซิเจน
Salt	เกลือ
Temperature	อุณหภูมิ
Weight	น้ำหนัก

Chess
หมากรุก

Black	สีดำ
Challenges	ความท้าทาย
Champion	แชมป์
Clever	ฉลาด
Diagonal	เส้นทแยงมุม
Game	เกม
King	กษัตริย์
Opponent	คู่แข่ง
Passive	รู
Player	ผู้เล่น
Points	คะแนน
Queen	ควีน
Rules	กฎ
Sacrifice	อุทิศ
Strategy	กลยุทธ์
Time	เวลา
To Learn	เรียนรู้
Tournament	การแข่งขัน
White	ขาว

Chocolate
ช็อกโกแลต

Aroma	กลิ่นหอม
Artisanal	ช่างฝีมือ
Bitter	ขม
Cacao	โกโก้
Calories	แคลอรี่
Candy	ลูกอม
Caramel	คาราเมล
Coconut	มะพร้าว
Delicious	อร่อย
Exotic	แปลกใหม่
Favorite	ที่ชื่นชอบ
Flavor	รสชาติ
Ingredient	ส่วนผสม
Peanuts	ถั่ว
Quality	คุณภาพ
Recipe	สูตรอาหาร
Sugar	น้ำตาล
Sweet	หวาน
Taste	รส
To Eat	กิน

Clothes
เสื้อผ้า

Apron	ผ้ากันเปื้อน
Belt	เข็มขัด
Bracelet	สร้อยข้อมือ
Coat	เสื้อโค้ท
Dress	ชุด
Fashion	แฟชั่น
Gloves	ถุงมือ
Hat	หมวก
Jacket	แจ็คเก็ต
Jeans	ยีนส์
Necklace	สร้อยคอ
Pajamas	ชุดนอน
Pants	กางเกง
Sandals	รองเท้าแตะ
Scarf	ผ้าพันคอ
Shirt	เสื้อ
Shoe	รองเท้า
Skirt	กระโปรง
Socks	ถุงเท้า
Sweater	เสื้อคลุม

Coffee
กาแฟ

Aroma	กลิ่นหอม
Beverage	เครื่องดื่ม
Bitter	ขม
Black	สีดำ
Caffeine	คาเฟอีน
Cream	ครีม
Cup	ถ้วย
Filter	กรอง
Flavor	รสชาติ
Grind	บด
Liquid	ของเหลว
Milk	นม
Morning	เช้า
Origin	ที่มา
Price	ราคา
Sugar	น้ำตาล
To Drink	ดื่ม
Variety	ความหลากหลาย
Water	น้ำ

Countries #1
ประเทศ #1

Brazil	บราซิล
Canada	แคนาดา
Egypt	อียิปต์
Finland	ฟินแลนด์
Germany	เยอรมนี
Iraq	อิรัก
Israel	อิสราเอล
Italy	อิตาลี
Latvia	ลัตเวีย
Libya	ลิเบีย
Morocco	โมร็อคโค
Nicaragua	นิการากัว
Norway	นอร์เวย์
Panama	ปานามา
Poland	โปแลนด์
Romania	โรมาเนีย
Senegal	เซเนกัล
Spain	สเปน
Venezuela	เวเนซุเอลา
Vietnam	เวียดนาม

Countries #2
ประเทศ #2

Albania	แอลเบเนีย
Denmark	เดนมาร์ก
Ethiopia	เอธิโอเปีย
Greece	กรีซ
Haiti	เฮติ
Jamaica	จาไมก้า
Japan	ญี่ปุ่น
Laos	ลาว
Lebanon	เลบานอน
Liberia	ไลบีเรีย
Mexico	เม็กซิโก
Nepal	เนปาล
Nigeria	ไนจีเรีย
Pakistan	ปากีสถาน
Russia	รัสเซีย
Somalia	โซมาเลีย
Sudan	ซูดาน
Syria	ซีเรีย
Uganda	ยูกันดา
Ukraine	ยูเครน

Creativity
ความคิดสร้างสรรค์

Artistic	ศิลปะ
Authenticity	แท้
Changing	เปลี่ยน
Clarity	ความชัดเจน
Dramatic	ดราม่า
Emotions	อารมณ์
Expression	การแสดงออก
Fluidity	ไหล
Ideas	ไอเดีย
Image	ภาพ
Imagination	จินตนาการ
Impression	ความประทับใจ
Inspiration	แรงบันดาลใจ
Intensity	ความเข้มข้น
Intuition	ปรีชา
Inventive	ประดิษฐ์
Skill	ทักษะ
Spontaneous	โดยธรรมชาติ
Visions	นิมิต
Vitality	พลัง

Days and Months
วันและเดือน

April	เมษายน
August	สิงหาคม
Calendar	ปฏิทิน
February	กุมภาพันธ์
Friday	วันศุกร์
January	มกราคม
July	กรกฎาคม
March	มีนาคม
Monday	วันจันทร์
Month	เดือน
November	พฤศจิกายน
October	ตุลาคม
Saturday	วันเสาร์
September	กันยายน
Sunday	วันอาทิตย์
Thursday	วันพฤหัสบดี
Tuesday	วันอังคาร
Wednesday	วันพุธ
Week	สัปดาห์
Year	ปี

Diplomacy
การทูต

Adviser	ที่ปรึกษา
Ambassador	เอกอัครราชทูต
Citizens	พลเมือง
Community	ชุมชน
Conflict	ความขัดแย้ง
Cooperation	ความร่วมมือ
Diplomatic	นักการทูต
Discussion	อย่าง
Embassy	สถานทูต
Ethics	จริยธรรม
Foreign	ต่างชาติ
Government	รัฐบาล
Humanitarian	มนุษยธรรม
Integrity	ความซื่อสัตย์
Justice	ความยุติธรรม
Politics	การเมือง
Resolution	ความละเอียด
Security	ความปลอดภัย
Solution	สารละลาย
Treaty	สนธิสัญญา

Disease
โรค

Abdominal	ท้อง
Allergies	ภูมิแพ้
Bacterial	แบคทีเรีย
Body	ร่างกาย
Bones	กระดูก
Chronic	เรื้อรัง
Contagious	โรคติดต่อ
Genetic	ทางพันธุกรรม
Health	สุขภาพ
Heart	หัวใจ
Hereditary	กรรมพันธุ์
Immunity	ภูมิคุ้มกัน
Inflammation	การอักเสบ
Lumbar	ลุมบาร์
Neuropathy	โรคประสาท
Pathogens	เชื้อโรค
Respiratory	หายใจ
Syndrome	ซินโดรม
Therapy	การบำบัด
Weak	อ่อนแอ

Driving
การขับรถ

Accident	อุบัติเหตุ
Brakes	เบรค
Car	รถ
Danger	อันตราย
Driver	คนขับรถ
Fuel	เชื้อเพลิง
Garage	โรงรถ
Gas	แก๊ส
License	ใบอนุญาต
Map	แผนที่
Motor	เครื่องยนต์
Motorcycle	รถจักรยานยนต์
Pedestrian	คนเดินเท้า
Police	ตำรวจ
Safety	ความปลอดภัย
Speed	ความเร็ว
Street	ถนน
Traffic	การจราจร
Truck	รถบรรทุก
Tunnel	อุโมงค์

Ecology
นิเวศวิทยา

Climate	ภูมิอากาศ
Communities	ชุมชน
Diversity	ความหลากหลาย
Drought	แล้ง
Fauna	สัตว์ป่า
Flora	ฟลอรา
Global	ทั่วโลก
Habitat	ที่อยู่อาศัย
Marine	ทะเล
Marsh	บึง
Mountains	ภูเขา
Natural	เป็นธรรมชาติ
Nature	ธรรมชาติ
Resources	ทรัพยากร
Species	สายพันธุ์
Survival	การอยู่รอด
Sustainable	ยั่งยืน
Vegetation	พืช
Volunteers	อาสาสมัคร

Energy
พลังงาน

Battery	แบตเตอรี่
Carbon	คาร์บอน
Diesel	ดีเซล
Electric	ไฟฟ้า
Electron	อิเล็กตรอน
Entropy	เอนโทรปี
Environment	สิ่งแวดล้อม
Fuel	เชื้อเพลิง
Gasoline	น้ำมันเบนซิน
Heat	ความร้อน
Hydrogen	ไฮโดรเจน
Industry	อุตสาหกรรม
Motor	เครื่องยนต์
Nuclear	นิวเคลียร์
Photon	โฟตอน
Pollution	มลพิษ
Renewable	ทดแทน
Steam	ไอน้ำ
Turbine	กังหัน
Wind	ลม

Engineering
วิศวกรรม

Angle	มุม
Axis	แกน
Calculation	การคำนวณ
Construction	การก่อสร้าง
Depth	ความลึก
Diagram	แผนภาพ
Diesel	ดีเซล
Dimensions	มิติ
Distribution	การกระจาย
Energy	พลังงาน
Gears	เกียร์
Levers	คันโยก
Liquid	ของเหลว
Machine	เครื่องจักร
Measurement	การวัด
Motor	เครื่องยนต์
Propulsion	แรงขับ
Stability	ความมั่นคง
Strength	แรง
Structure	โครงสร้าง

Family
ครอบครัว

Ancestor	บรรพบุรุษ
Aunt	ป้า
Brother	น้องชาย
Child	เด็ก
Childhood	วัยเด็ก
Cousin	ลูกพี่ลูกน้อง
Daughter	ลูกสาว
Grandchild	หลาน
Grandfather	ปู่
Grandmother	ยาย
Husband	สามี
Maternal	มารดา
Mother	แม่
Nephew	หลานชาย
Niece	หลานสาว
Paternal	พ่อ
Sister	น้องสาว
Twins	ฝาแฝด
Uncle	ลุง
Wife	ภรรยา

Farm #1
ฟาร์ม #1

Agriculture	เกษตรกรรม
Bee	ผึ้ง
Bison	กระทิง
Calf	น่อง
Cat	แมว
Chicken	ไก่
Cow	วัว
Crow	อีกา
Dog	หมา
Donkey	ลา
Fence	รั้ว
Fertilizer	ปุ๋ย
Field	สนาม
Goat	แพะ
Hay	ฟาง
Honey	น้ำผึ้ง
Horse	ม้า
Rice	ข้าว
Seeds	เมล็ด
Water	น้ำ

Farm #2
ฟาร์ม #2

Animals	สัตว์
Barley	บาร์เล่ย์
Barn	โรงนา
Corn	ข้าวโพด
Duck	เป็ด
Farmer	ชาวนา
Food	อาหาร
Fruit	ผลไม้
Irrigation	ชลประทาน
Lamb	ลูกแกะ
Llama	ลามา
Meadow	ทุ่งหญ้า
Milk	นม
Orchard	สวนผลไม้
Sheep	แกะ
Shepherd	คนเลี้ยงแกะ
Tractor	รถแทรกเตอร์
Vegetable	ผัก
Wheat	ข้าวสาลี
Windmill	กังหัน

Fishing
ตกปลา

Bait	เหยื่อ
Basket	ตะกร้า
Beach	ชายหาด
Boat	เรือ
Cook	ทำอาหาร
Equipment	อุปกรณ์
Fins	ครีบ
Gills	เหงือก
Hook	ตะขอ
Jaw	ขากรรไกร
Lake	ทะเลสาบ
Ocean	มหาสมุทร
Patience	ความอดทน
River	แม่น้ำ
Scales	ตาชั่ง
Season	ฤดู
Water	น้ำ
Weight	น้ำหนัก
Wire	ลวด

Flowers
ดอกไม้

Bouquet	ช่อดอกไม้
Calendula	ดาวเรือง
Clover	โคลเวอร์
Daisy	เดซี่
Dandelion	แดนดิไลออน
Gardenia	พุด
Hibiscus	ชบา
Jasmine	มะลิ
Lavender	ลาเวนเดอร์
Lilac	ม่วง
Lily	ลิลลี่
Magnolia	แมกโนเลีย
Orchid	กล้วยไม้
Passionflower	เสาวรส
Peony	โบตั๋น
Petal	กลีบ
Poppy	ป๊อปปี้
Rose	กุหลาบ
Sunflower	ดอกทานตะวัน
Tulip	ทิวลิป

Food #1
อาหาร #1

Apricot	แอปริคอท
Barley	บาร์เลย์
Basil	โหระพา
Carrot	แครอท
Cinnamon	อบเชย
Garlic	กระเทียม
Juice	น้ำผลไม้
Lemon	มะนาว
Milk	นม
Onion	หัวหอม
Peanut	ถั่วลิสง
Pear	ลูกแพร์
Salad	สลัด
Salt	เกลือ
Soup	ซุป
Spinach	ผักโขม
Sugar	น้ำตาล
Tofu	เต้าหู้
Tuna	ทูน่า
Turnip	หัวผักกาด

Food #2
อาหาร #2

Apple	แอปเปิ้ล
Artichoke	อาติโช๊ค
Banana	กล้วย
Broccoli	บรอกโคลี
Celery	ขึ้นฉ่าย
Cheese	ชีส
Cherry	เชอร์รี่
Chicken	ไก่
Chocolate	ช็อคโกแลต
Egg	ไข่
Eggplant	มะเขือ
Fish	ปลา
Grape	องุ่น
Ham	แฮม
Kiwi	กีวี่
Mushroom	เห็ด
Rice	ข้าว
Tomato	มะเขือเทศ
Wheat	ข้าวสาลี
Yogurt	โยเกิร์ต

Force and Gravity
แรงและแรงโน้มถ่วง

Axis	แกน
Center	ศูนย์กลาง
Discovery	การค้นพบ
Distance	ระยะทาง
Dynamic	พลวัต
Expansion	การขยายตัว
Friction	แรงเสียดทาน
Impact	ผลกระทบ
Magnetism	แม่เหล็ก
Mechanics	กลศาสตร์
Momentum	โมเมนตัม
Motion	การเคลื่อนไหว
Orbit	วงโคจร
Physics	ฟิสิกส์
Pressure	ความดัน
Properties	คุณสมบัติ
Speed	ความเร็ว
Time	เวลา
Universal	สากล
Weight	น้ำหนัก

Fruit
ผลไม้

Apple	แอปเปิ้ล
Apricot	แอปริคอท
Avocado	อาโวคาโด
Banana	กล้วย
Berry	เบอร์รี่
Cherry	เชอร์รี่
Coconut	มะพร้าว
Fig	มะเดื่อ
Grape	องุ่น
Guava	ฝรั่ง
Kiwi	กีวี่
Lemon	มะนาว
Mango	มะม่วง
Melon	เมลอน
Nectarine	เนคทารีน
Papaya	มะละกอ
Peach	พีช
Pear	ลูกแพร์
Pineapple	สัปปะรด
Raspberry	ราสเบอร์รี่

Garden
สวนหย่อม

Bench	ม้านั่ง
Bush	บุช
Fence	รั้ว
Flower	ดอกไม้
Garage	โรงรถ
Garden	สวน
Grass	หญ้า
Hammock	เปลญวน
Hose	ท่อ
Lawn	สนามหญ้า
Orchard	สวนผลไม้
Pond	บ่อน้ำ
Porch	ระเบียง
Rake	คราด
Shovel	พลั่ว
Soil	ดิน
Terrace	ชานบ้าน
Trampoline	แทรมโพลีน
Tree	ต้นไม้
Weeds	วัชพืช

Geography
ภูมิศาสตร์

Altitude	ระดับความสูง
Atlas	แอตลาส
City	เมือง
Continent	ทวีป
Country	ประเทศ
Hemisphere	ซีกโลก
Island	เกาะ
Latitude	ละติจูด
Map	แผนที่
Meridian	เมอริเดียน
Mountain	ภูเขา
North	ทิศเหนือ
Ocean	มหาสมุทร
Region	ภาค
River	แม่น้ำ
Sea	ทะเล
South	ใต้
Territory	อาณาเขต
West	ตะวันตก
World	โลก

Geology
ธรณีวิทยา

Acid	กรด
Calcium	แคลเซียม
Cavern	ถ้ำ
Continent	ทวีป
Coral	ปะการัง
Crystals	คริสตัล
Cycles	รอบ
Earthquake	แผ่นดินไหว
Erosion	ร่อน
Fossil	ฟอสซิล
Geyser	ไกเซอร์
Lava	ลาวา
Layer	ชั้น
Minerals	แร่ธาตุ
Plateau	ที่ราบสูง
Quartz	ควอทซ์
Salt	เกลือ
Stalactite	หินย้อย
Stone	หิน
Volcano	ภูเขาไฟ

Geometry
รูปทรงเรขาคณิต

Angle	มุม
Calculation	การคำนวณ
Circle	วงกลม
Curve	เส้นโค้ง
Dimension	มิติ
Equation	สมการ
Height	ความสูง
Horizontal	แนวนอน
Logic	ตรรกะ
Mass	มวล
Median	มัธยฐาน
Number	ตัวเลข
Parallel	ขนาน
Proportion	สัดส่วน
Segment	ส่วน
Surface	พื้นผิว
Symmetry	สมมาตร
Theory	ทฤษฎี
Triangle	สามเหลี่ยม
Vertical	แนวตั้ง

Global Warming
ภาวะโลกร้อน

Arctic	อาร์กติก
Attention	ความสนใจ
Climate	ภูมิอากาศ
Consequences	ผลที่ตามมา
Crisis	วิกฤติ
Data	ข้อมูล
Development	การพัฒนา
Energy	พลังงาน
Future	อนาคต
Gas	แก๊ส
Generations	รุ่น
Government	รัฐบาล
Humans	มนุษย์
Industry	อุตสาหกรรม
International	ระหว่างประเทศ
Legislation	กฎหมาย
Now	ตอนนี้
Populations	ประชากร
Significant	สำคัญ
Temperatures	อุณหภูมิ

Government
รัฐบาล

Civil	พลเรือน
Constitution	รัฐธรรมนูญ
Democracy	ประชาธิปไตย
Discussion	อย่าง
District	เขต
Equality	ความเสมอภาค
Independence	อิสระ
Judicial	ตุลาการ
Justice	ความยุติธรรม
Law	กฎหมาย
Leader	หัวหน้า
Liberty	เสรีภาพ
Monument	อนุสาวรีย์
Nation	ประเทศ
National	ระดับชาติ
Peaceful	สงบ
Politics	การเมือง
Speech	คำพูด
State	รัฐ
Symbol	สัญลักษณ์

Hair Types
ประเภทผม

Bald	หัวล้าน
Black	สีดำ
Blond	สีบลอนด์
Braided	ถัก
Braids	ถักเปีย
Brown	สีน้ำตาล
Colored	สี
Curly	หยิก
Dry	แห้ง
Gray	สีเทา
Healthy	แข็งแรง
Long	ยาว
Shiny	เงา
Short	สั้น
Silver	เงิน
Soft	อ่อนนุ่ม
Thick	หนา
Thin	บาง
Wavy	หยัก
White	ขาว

Health and Wellness #1
สุขภาพและสุขภาพ #1

Active	คล่องแคล่ว
Bacteria	แบคทีเรีย
Bones	กระดูก
Clinic	คลินิก
Doctor	หมอ
Fracture	แตกหัก
Habit	นิสัย
Height	ความสูง
Hormones	ฮอร์โมน
Hunger	ความหิว
Muscles	กล้ามเนื้อ
Nerves	เส้นประสาท
Pharmacy	ร้านขายยา
Reflex	สะท้อน
Relaxation	ผ่อนคลาย
Skin	ผิว
Therapy	การบำบัด
To Breathe	หายใจ
Treatment	การรักษา
Virus	ไวรัส

Health and Wellness #2
สุขภาพและสุขภาพ #2

Allergy	ภูมิแพ้
Appetite	ความกระหาย
Blood	เลือด
Calorie	แคลอรี่
Dehydration	การคายน้ำ
Diet	อาหาร
Disease	โรค
Energy	พลังงาน
Genetics	พันธุศาสตร์
Healthy	แข็งแรง
Hospital	โรงพยาบาล
Hygiene	สุขอนามัย
Infection	การติดเชื้อ
Massage	นวด
Mood	อารมณ์
Nutrition	โภชนาการ
Recovery	การกู้คืน
Stress	ความเครียด
Vitamin	วิตามิน
Weight	น้ำหนัก

Herbalism
ยาสมุนไพร

Aromatic	หอม
Basil	โหระพา
Beneficial	เป็นประโยชน์
Culinary	การทำอาหาร
Fennel	เม็ดยี่หร่า
Flavor	รสชาติ
Flower	ดอกไม้
Garden	สวน
Garlic	กระเทียม
Green	เขียว
Ingredient	ส่วนผสม
Lavender	ลาเวนเดอร์
Marjoram	มาร์โจแรม
Mint	มินต์
Oregano	ออริกาโน่
Parsley	ผักชีฝรั่ง
Plant	ปลูก
Rosemary	โรสแมรี่
Saffron	หญ้าฝรั่น
Tarragon	ทาร์รากอน

Hiking
เดินป่า

Animals	สัตว์
Boots	รองเท้าบูท
Cliff	หน้าผา
Climate	ภูมิอากาศ
Guides	คำแนะนำ
Hazards	อันตราย
Heavy	หนัก
Map	แผนที่
Mosquitoes	ยุง
Mountain	ภูเขา
Nature	ธรรมชาติ
Orientation	ปฐมนิเทศ
Preparation	การตระเตรียม
Stones	หิน
Sun	ดวงอาทิตย์
Tired	เหนื่อย
Water	น้ำ
Weather	สภาพอากาศ
Wild	ป่า

House
บ้าน

Attic	ห้องใต้หลังคา
Broom	ไม้กวาด
Curtains	ผ้าม่าน
Door	ประตู
Fence	รั้ว
Fireplace	เตาผิง
Floor	พื้น
Furniture	เฟอร์นิเจอร์
Garage	โรงรถ
Garden	สวน
Keys	คีย์
Kitchen	ครัว
Lamp	โคมไฟ
Library	ห้องสมุด
Mirror	กระจก
Roof	หลังคา
Room	ห้อง
Shower	อาบน้ำ
Wall	ผนัง
Window	หน้าต่าง

Human Body
ร่างกายมนุษย์

Ankle	ข้อเท้า
Blood	เลือด
Bones	กระดูก
Brain	สมอง
Chin	คาง
Ear	หู
Elbow	ข้อศอก
Face	หน้า
Finger	นิ้ว
Hand	มือ
Head	หัว
Heart	หัวใจ
Jaw	ขากรรไกร
Knee	เข่า
Leg	ขา
Mouth	ปาก
Neck	คอ
Nose	จมูก
Shoulder	ไหล่
Skin	ผิว

Insects
แมลง

Ant	มด
Aphid	เพลี้ย
Bee	ผึ้ง
Beetle	ด้วง
Butterfly	ผีเสื้อ
Cicada	จักจั่น
Cockroach	แมลงสาบ
Dragonfly	แมลงปอ
Flea	เห็บ
Grasshopper	ตั๊กแตน
Hornet	แตน
Ladybug	เต่าทอง
Larva	ตัวอ่อน
Locust	ปาทังกา
Mantis	กงแตนแตน
Mosquito	ยุง
Moth	มอด
Termite	ปลวก
Wasp	ต่อ
Worm	หนอน

Jazz
แจ๊ส

Album	อัลบั้ม
Applause	เสียงปรบมือ
Artist	ศิลปิน
Composer	นักแต่งเพลง
Composition	ส่วนประกอบ
Concert	คอนเสิร์ต
Drums	กลอง
Emphasis	ความสำคัญ
Famous	มีชื่อเสียง
Favorites	รายการโปรด
Improvisation	ปฏิภาณโวหาร
Music	ดนตรี
New	ใหม่
Old	แก่
Orchestra	วงดนตรี
Rhythm	จังหวะ
Song	เพลง
Style	รูปแบบ
Talent	พรสวรรค์
Technique	เทคนิค

Kitchen
ห้องครัว

Apron	ผ้ากันเปื้อน
Bowl	ชาม
Chopsticks	ตะเกียบ
Cups	ถ้วย
Food	อาหาร
Forks	ส้อม
Grill	ย่าง
Jug	เหยือก
Kettle	กาต้มน้ำ
Knives	มีด
Ladle	ทัพพี
Napkin	ผ้าเช็ดปาก
Oven	เตาอบ
Recipe	สูตรอาหาร
Refrigerator	ตู้เย็น
Spices	เครื่องเทศ
Sponge	ฟองน้ำ
Spoons	ช้อน
To Eat	กิน

Landscapes
ทิวทัศน์

Beach	ชายหาด
Cave	ถ้ำ
Desert	ทะเลทราย
Geyser	ไกเซอร์
Glacier	ธารน้ำแข็ง
Hill	เนินเขา
Iceberg	ภูเขาน้ำแข็ง
Island	เกาะ
Lake	ทะเลสาบ
Mountain	ภูเขา
Oasis	โอเอซิส
Ocean	มหาสมุทร
Peninsula	คาบสมุทร
River	แม่น้ำ
Sea	ทะเล
Swamp	บึง
Tundra	ทุนดรา
Valley	หุบเขา
Volcano	ภูเขาไฟ
Waterfall	น้ำตก

Literature
วรรณกรรม

Analogy	อะนาล็อก
Analysis	การวิเคราะห์
Author	ผู้เขียน
Biography	ชีวประวัติ
Conclusion	บทสรุป
Critique	บทวิจารณ์
Description	ลักษณะ
Dialogue	บทพูด
Genre	ประเภท
Metaphor	คำอุปมา
Narrator	ผู้บรรยาย
Novel	นิยาย
Opinion	ความเห็น
Poem	กลอน
Poetic	บทกวี
Rhyme	สัมผัส
Rhythm	จังหวะ
Style	รูปแบบ
Theme	ธีม
Tragedy	โศกนาฏกรรม

Mammals
สัตว์เลี้ยงลูกด้วยนม

Bear หมี
Beaver บีเวอร์
Bull โค
Cat แมว
Coyote โคโยตี้
Dog หมา
Dolphin ปลาโลมา
Elephant ช้าง
Fox ฟ็อกซ์
Giraffe ยีราฟ
Gorilla กอริลลา
Horse ม้า
Kangaroo จิงโจ้
Lion สิงโต
Monkey ลิง
Rabbit กระต่าย
Sheep แกะ
Whale วาฬ
Wolf หมาป่า
Zebra ม้าลาย

Math
คณิตศาสตร์

Angles มุม
Arithmetic เลขคณิต
Circumference เส้นรอบวง
Decimal ทศนิยม
Degrees องศา
Division แผนก
Equation สมการ
Exponent ตัวแทน
Fraction เศษส่วน
Geometry เรขาคณิต
Numbers หมายเลข
Parallel ขนาน
Perimeter ขอบ
Perpendicular ตั้งฉาก
Radius รัศมี
Sum รวม
Symmetry สมมาตร
Triangle สามเหลี่ยม
Volume ระดับเสียง

Measurements
การวัด

Byte ไบต์
Centimeter เซนติเมตร
Decimal ทศนิยม
Degree องศา
Depth ความลึก
Gram กรัม
Height ความสูง
Inch นิ้ว
Kilogram กิโลกรัม
Kilometer กิโลเมตร
Length ความยาว
Liter ลิตร
Mass มวล
Meter เมตร
Minute นาที
Ounce ออนซ์
Ton ตัน
Volume ระดับเสียง
Weight น้ำหนัก
Width ความกว้าง

Meditation
การทำสมาธิ

Acceptance การยอมรับ
Attention ความสนใจ
Awake ตื่น
Breathing การหายใจ
Calm สงบ
Clarity ความชัดเจน
Emotions อารมณ์
Gratitude ความกตัญญู
Habits นิสัย
Kindness ความเมตตา
Mental จิต
Mind ใจ
Movement การเคลื่อนไหว
Music ดนตรี
Nature ธรรมชาติ
Peace สันติภาพ
Perspective มุมมอง
Silence ความเงียบ
Thoughts ความคิด
To Learn เรียนรู้

Music
ดนตรี

Album อัลบั้ม
Ballad บัลลาด
Classical คลาสสิก
Eclectic ผสมผสาน
Harmony ความสามัคคี
Improvise โอ๊ะโอ๋
Instrument ตราสาร
Lyrical ลีริคัล
Melody ทำนอง
Microphone ไมโครโฟน
Musical ดนตรี
Musician นักดนตรี
Opera โอเปร่า
Poetic บทกวี
Recording การบันทึก
Rhythm จังหวะ
Rhythmic เป็นจังหวะ
Sing ร้องเพลง
Singer นักร้อง

Musical Instruments
เครื่องดนตรี

Banjo แบนโจ
Bassoon ปี่บาสซูน
Cello เชลโล
Chimes ตีระฆัง
Clarinet คลาริเน็ต
Drum กลอง
Drumsticks ไม้ตีกลอง
Flute ขลุ่ย
Gong ฆ้อง
Guitar กีตาร์
Harp ฮาร์ป
Mandolin แมนโดลิน
Marimba มาริมบา
Oboe โอโบ
Piano เปียโน
Saxophone แซกโซโฟน
Tambourine แทมบูรีน
Trombone ทรอมโบน
Trumpet แตร
Violin ไวโอลิน

Mythology
ตำนานเทพนิยาย

Archetype	ต้นแบบ
Behavior	พฤติกรรม
Beliefs	ความเชื่อ
Creation	การสร้าง
Creature	สิ่งมีชีวิต
Culture	วัฒนธรรม
Deities	เทพ
Disaster	ภัยพิบัติ
Heaven	สวรรค์
Hero	ฮีโร่
Immortality	อมตภาพ
Jealousy	ความหึงหวง
Labyrinth	เขาวงกต
Legend	ตำนาน
Lightning	ฟ้าผ่า
Monster	สัตว์ประหลาด
Mortal	ยแร
Revenge	แก้แค้น
Thunder	ฟ้าร้อง
Warrior	นักรบ

Nature
ธรรมชาติ

Animals	สัตว์
Arctic	อาร์กติก
Beauty	ความงาม
Bees	ผึ้ง
Cliffs	หน้าผา
Clouds	เมฆ
Desert	ทะเลทราย
Dynamic	พลวัต
Erosion	ร่อน
Fog	หมอก
Foliage	ใบไม้
Forest	ป่า
Glacier	ธารน้ำแข็ง
Mountains	ภูเขา
Peaceful	สงบ
River	แม่น้ำ
Serene	นิ่ง
Shelter	ที่หลบภัย
Tropical	เขตร้อน
Vital	สำคัญมาก

Numbers
ตัวเลข

Decimal	ทศนิยม
Eight	แปด
Eighteen	สิบแปด
Fifteen	สิบห้า
Five	ห้า
Four	สี่
Fourteen	สิบสี่
Nine	เก้า
Nineteen	สิบเก้า
One	หนึ่ง
Seven	เจ็ด
Seventeen	สิบเจ็ด
Six	หก
Sixteen	สิบหก
Ten	สิบ
Thirteen	สิบสาม
Three	สาม
Twelve	สิบสอง
Twenty	ยี่สิบ
Two	สอง

Nutrition
โภชนาการ

Appetite	ความกระหาย
Balanced	สมดุล
Bitter	ขม
Calories	แคลอรี่
Carbohydrates	คาร์โบไฮเดรต
Diet	อาหาร
Digestion	การย่อย
Edible	กินได้
Fermentation	การหมัก
Flavor	รสชาติ
Habits	นิสัย
Health	สุขภาพ
Healthy	แข็งแรง
Nutrient	สารอาหาร
Proteins	โปรตีน
Quality	คุณภาพ
Sauce	ซอส
Toxin	พิษ
Vitamin	วิตามิน
Weight	น้ำหนัก

Ocean
มหาสมุทร

Algae	สาหร่าย
Coral	ปะการัง
Crab	ปู
Dolphin	ปลาโลมา
Eel	ปลาไหล
Fish	ปลา
Jellyfish	แมงกะพรุน
Octopus	ปลาหมึกยักษ์
Oyster	หอยนางรม
Reef	รีฟ
Salt	เกลือ
Shark	ฉลาม
Shrimp	กุ้ง
Sponge	ฟองน้ำ
Storm	พายุ
Tides	น้ำขึ้นน้ำลง
Tuna	ทูน่า
Turtle	เต่า
Waves	คลื่น
Whale	วาฬ

Philanthropy
การกุศล

Challenges	ความท้าทาย
Charity	การกุศล
Community	ชุมชน
Contacts	ติดต่อ
Donate	บริจาค
Finance	การเงิน
Funds	กองทุน
Generosity	ความเอื้ออาทร
Global	ทั่วโลก
Goals	เป้าหมาย
Groups	กลุ่ม
History	ประวัติศาสตร์
Honesty	ความซื่อสัตย์
Humanity	มนุษยชาติ
Mission	ภารกิจ
Need	ต้องการ
People	ผู้คน
Programs	โปรแกรม
Public	สาธารณะ
Youth	เยาวชน

Physics
ฟิสิกส์

Atom	อะตอม
Chaos	ความวุ่นวาย
Chemical	เคมี
Density	ความหนาแน่น
Electron	อิเล็กตรอน
Engine	เครื่องยนต์
Expansion	การขยายตัว
Experiment	การทดลอง
Formula	สูตร
Frequency	ความถี่
Gas	แก๊ส
Magnetism	แม่เหล็ก
Mass	มวล
Mechanics	กลศาสตร์
Molecule	โมเลกุล
Nuclear	นิวเคลียร์
Particle	อนุภาค
Relativity	สัมพัทธภาพ
Speed	ความเร็ว
Universal	สากล

Plants
พืช

Bamboo	ไม้ไผ่
Bean	ถั่ว
Berry	เบอร์รี่
Botany	พฤกษศาสตร์
Bush	บุช
Cactus	กระบองเพชร
Fertilizer	ปุ๋ย
Flora	ฟลอรา
Flower	ดอกไม้
Foliage	ใบไม้
Forest	ป่า
Garden	สวน
Grass	หญ้า
Ivy	ไอวี่
Moss	มอสส์
Petal	กลีบ
Root	ราก
Stem	ห้าม
Tree	ต้นไม้
Vegetation	พืช

Professions #1
วิชาชีพ #1

Ambassador	เอกอัครราชทูต
Astronomer	นักดาราศาสตร์
Attorney	ทนายความ
Banker	นายธนาคาร
Coach	โค้ช
Dancer	นักเต้น
Doctor	หมอ
Editor	บรรณาธิการ
Firefighter	ดับเพลิง
Geologist	นักธรณีวิทยา
Hunter	ฮันเตอร์
Jeweler	อัญมณี
Musician	นักดนตรี
Nurse	พยาบาล
Pianist	นักเปียโน
Plumber	ช่างประปา
Psychologist	นักจิตวิทยา
Sailor	กะลาสี
Tailor	ช่างตัดเสื้อ
Veterinarian	สัตวแพทย์

Professions #2
วิชาชีพ #2

Astronaut	นักบินอวกาศ
Biologist	นักชีววิทยา
Dentist	ทันตแพทย์
Detective	นักสืบ
Engineer	วิศวกร
Farmer	ชาวนา
Gardener	คนสวน
Inventor	นักประดิษฐ์
Journalist	นักข่าว
Librarian	บรรณารักษ์
Linguist	นักภาษาศาสตร์
Painter	จิตรกร
Philosopher	นักปรัชญา
Photographer	ช่างภาพ
Physician	แพทย์
Pilot	นักบิน
Researcher	นักวิจัย
Surgeon	ศัลยแพทย์
Teacher	ครู
Zoologist	นักสัตววิทยา

Psychology
จิตวิทยา

Appointment	การนัดหมาย
Assessment	การประเมิน
Behavior	พฤติกรรม
Childhood	วัยเด็ก
Clinical	คลินิก
Conflict	ความขัดแย้ง
Dreams	ความฝัน
Ego	อัตตา
Emotions	อารมณ์
Experiences	ประสบการณ์
Ideas	ไอเดีย
Influences	อิทธิพล
Perception	การรับรู้
Personality	บุคลิกภาพ
Problem	ปัญหา
Reality	ความเป็นจริง
Subconscious	จิตใต้สำนึก
Therapy	การบำบัด
Thoughts	ความคิด
Unconscious	หมดสติ

Restaurant #1
ร้านอาหาร #1

Allergy	ภูมิแพ้
Bowl	ชาม
Bread	ขนมปัง
Cashier	แคชเชียร์
Chicken	ไก่
Coffee	กาแฟ
Dessert	ขนม
Food	อาหาร
Ingredients	ส่วนผสม
Kitchen	ครัว
Knife	มีด
Meat	เนื้อ
Menu	เมนู
Napkin	ผ้าเช็ดปาก
Plate	จาน
Reservation	การจอง
Sauce	ซอส
Spicy	เผ็ด
To Eat	กิน
Waitress	พนักงานเสิร์ฟ

Restaurant #2
ร้านอาหาร #2

Beverage	เครื่องดื่ม
Cake	เค้ก
Chair	เก้าอี้
Delicious	อร่อย
Dinner	อาหารเย็น
Eggs	ไข่
Fish	ปลา
Fork	ส้อม
Fruit	ผลไม้
Ice	น้ำแข็ง
Lunch	อาหารกลางวัน
Noodles	ก๋วยเตี๋ยว
Salad	สลัด
Salt	เกลือ
Soup	ซุป
Spices	เครื่องเทศ
Spoon	ช้อน
Vegetables	ผัก
Waiter	บริกร
Water	น้ำ

Science
วิทยาศาสตร์

Atom	อะตอม
Chemical	เคมี
Climate	ภูมิอากาศ
Data	ข้อมูล
Evolution	วิวัฒนาการ
Experiment	การทดลอง
Fact	ข้อเท็จจริง
Fossil	ฟอสซิล
Gravity	แรงโน้มถ่วง
Hypothesis	สมมติฐาน
Method	วิธี
Minerals	แร่ธาตุ
Molecules	โมเลกุล
Nature	ธรรมชาติ
Observation	การสังเกต
Organism	สิ่งมีชีวิต
Particles	อนุภาค
Physics	ฟิสิกส์
Plants	พืช

Science Fiction
นิยายวิทยาศาสตร์

Atomic	อะตอม
Books	หนังสือ
Chemicals	สารเคมี
Cinema	โรงภาพยนตร์
Dystopia	ดิสโทเปีย
Explosion	การระเบิด
Extreme	สุดขีด
Fantastic	มหัศจรรย์
Fire	ไฟ
Futuristic	อนาคต
Galaxy	กาแลกซี่
Illusion	ภาพลวงตา
Imaginary	เพ้อฝัน
Mysterious	ลึกลับ
Oracle	สิทธิ์
Planet	ดาวเคราะห์
Robots	หุ่นยนต์
Technology	เทคโนโลยี
Utopia	ยูโทเปีย
World	โลก

Scientific Disciplines
สาขาวิชาวิทยาศาสตร์

Archaeology	โบราณคดี
Astronomy	ดาราศาสตร์
Biochemistry	ชีวเคมี
Biology	ชีววิทยา
Botany	พฤกษศาสตร์
Chemistry	เคมี
Ecology	นิเวศวิทยา
Geology	ธรณีวิทยา
Kinesiology	คิทนีวิทยา
Linguistics	ภาษาศาสตร์
Mechanics	กลศาสตร์
Meteorology	อุตุนิยมวิทยา
Mineralogy	แร่วิทยา
Neurology	ประสาทวิทยา
Nutrition	โภชนาการ
Physiology	สรีรวิทยา
Psychology	จิตวิทยา
Sociology	สังคมวิทยา
Thermodynamics	อุณหพลศาสตร์
Zoology	สัตววิทยา

Spices
เครื่องเทศ

Anise	โป๊ยกั๊ก
Bitter	ขม
Cardamom	กระวาน
Cinnamon	อบเชย
Clove	กานพูล
Coriander	ผักชี
Cumin	ผงยี่หร่า
Curry	แกง
Fennel	เม็ดยี่หร่า
Fenugreek	เฟนูกรีก
Flavor	รสชาติ
Garlic	กระเทียม
Ginger	ขิง
Nutmeg	นัทเม็ก
Onion	หัวหอม
Paprika	ปาปริก้า
Saffron	หญ้าฝรั่น
Salt	เกลือ
Sweet	หวาน
Vanilla	วนิลา

Technology
เทคโนโลยี

Blog	บล็อก
Browser	เบราว์เซอร์
Bytes	ไบต์
Camera	กล้อง
Computer	คอมพิวเตอร์
Cursor	เคอร์เซอร์
Data	ข้อมูล
Digital	ดิจิทัล
Display	แสดง
File	ไฟล์
Font	แบบอักษร
Internet	อินเทอร์เน็ต
Message	ข้อความ
Research	วิจัย
Screen	หน้าจอ
Security	ความปลอดภัย
Software	ซอฟต์แวร์
Statistics	สถิติ
Virtual	เสมือน
Virus	ไวรัส

The Company
บริษัท

Business	ธุรกิจ
Creative	สร้างสรรค์
Decision	การตัดสินใจ
Employment	การจ้างงาน
Global	ทั่วโลก
Industry	อุตสาหกรรม
Innovative	นวัตกรรม
Investment	การลงทุน
Possibility	ความเป็นไปได้
Presentation	การนำเสนอ
Product	ผลิตภัณฑ์
Professional	มืออาชีพ
Progress	ความคืบหน้า
Quality	คุณภาพ
Reputation	ชื่อเสียง
Resources	ทรัพยากร
Revenue	รายได้
Risks	ความเสี่ยง
Units	หน่วย
Wages	ค่าจ้าง

The Media
สื่อมวลชน

Attitudes	ทัศนคติ
Commercial	โฆษณา
Communication	การสื่อสาร
Digital	ดิจิทัล
Edition	ฉบับ
Education	การศึกษา
Facts	ข้อเท็จจริง
Funding	ทุน
Images	ภาพ
Individual	รายบุคคล
Industry	อุตสาหกรรม
Intellectual	สติปัญญา
Local	ท้องถิ่น
Magazines	นิตยสาร
Network	เครือข่าย
Newspapers	หนังสือพิมพ์
Online	ออนไลน์
Opinion	ความเห็น
Public	สาธารณะ
Radio	วิทยุ

Time
เวลา

Annual	ประจำปี
Before	ก่อน
Calendar	ปฏิทิน
Century	ศตวรรษ
Clock	นาฬิกา
Day	วัน
Decade	ทศวรรษ
Future	อนาคต
Hour	ชั่วโมง
Minute	นาที
Month	เดือน
Morning	เช้า
Night	กลางคืน
Noon	เที่ยง
Now	ตอนนี้
Soon	ในไม่ช้า
Today	วันนี้
Week	สัปดาห์
Year	ปี
Yesterday	เมื่อวาน

Town
เมือง

Airport	สนามบิน
Bakery	เบเกอรี่
Bank	ธนาคาร
Bookstore	ร้านหนังสือ
Cafe	คาเฟ่
Cinema	โรงภาพยนตร์
Clinic	คลินิก
Florist	ดอกไม้ดี
Gallery	แกลเลอรี่
Hotel	โรงแรม
Library	ห้องสมุด
Market	ตลาด
Museum	พิพิธภัณฑ์
Pharmacy	ร้านขายยา
School	โรงเรียน
Stadium	สนามกีฬา
Store	ร้าน
Theater	โรงละคร
University	มหาวิทยาลัย
Zoo	สวนสัตว์

Universe
จักรวาล

Astronomer	นักดาราศาสตร์
Astronomy	ดาราศาสตร์
Atmosphere	บรรยากาศ
Cosmic	ฟังดู
Darkness	ความมืด
Equator	เส้นศูนย์สูตร
Galaxy	กาแลกซี่
Hemisphere	ซีกโลก
Horizon	ขอบฟ้า
Latitude	ละติจูด
Longitude	เส้นแวง
Moon	ดวงจันทร์
Orbit	วงโคจร
Sky	ท้องฟ้า
Solar	แสงอาทิตย์
Solstice	อายัน
Tilt	เอียง
Visible	มองเห็นได้
Zodiac	จักรราศี

Vacation #2
วันหยุด #2

Airport	สนามบิน
Beach	ชายหาด
Destination	ปลายทาง
Foreign	ต่างชาติ
Foreigner	ชาวต่างชาติ
Holiday	วันหยุด
Hotel	โรงแรม
Island	เกาะ
Journey	การเดินทาง
Leisure	เวลาว่าง
Map	แผนที่
Mountains	ภูเขา
Reservations	จอง
Restaurant	ร้านอาหาร
Sea	ทะเล
Taxi	แท็กซี่
Tent	เต็นท์
Train	รถไฟ
Transportation	การขนส่ง
Visa	วีซ่า

Vegetables
ผักสด

Artichoke	อาติโช๊ค
Broccoli	บรอกโคลี
Carrot	แครอท
Cauliflower	กะหล่ำ
Celery	ขึ้นฉ่าย
Cucumber	แตงกวา
Eggplant	มะเขือ
Garlic	กระเทียม
Ginger	ขิง
Mushroom	เห็ด
Onion	หัวหอม
Parsley	ผักชีฝรั่ง
Pea	ถั่ว
Pumpkin	ฟักทอง
Radish	หัวไชเท้า
Salad	สลัด
Shallot	หอม
Spinach	ผักโขม
Tomato	มะเขือเทศ
Turnip	หัวผักกาด

Vehicles
ยานพาหนะ

Airplane	เครื่องบิน
Ambulance	รถพยาบาล
Bicycle	จักรยาน
Boat	เรือ
Bus	รถเมล์
Car	รถ
Caravan	คาราวาน
Ferry	เรือข้ามฟาก
Helicopter	เฮลิคอปเตอร์
Motor	เครื่องยนต์
Raft	แพ
Rocket	จรวด
Scooter	สกู๊ตเตอร์
Shuttle	กระสวย
Submarine	เรือดำน้ำ
Subway	รถไฟใต้ดิน
Taxi	แท็กซี่
Tires	ยาง
Tractor	รถแทรกเตอร์
Truck	รถบรรทุก

Water
น้ำ

Canal	คลอง
Damp	ชื้น
Drinkable	ดื่มได้
Evaporation	การระเหย
Flood	น้ำท่วม
Geyser	น้ำพุร้อน
Humidity	ความชื้น
Hurricane	พายุเฮอริเคน
Ice	น้ำแข็ง
Irrigation	ชลประทาน
Lake	ทะเลสาบ
Moisture	วามชื้น
Monsoon	มรสุม
Ocean	มหาสมุทร
Rain	ฝน
River	แม่น้ำ
Shower	อาบน้ำ
Snow	หิมะ
Steam	ไอน้ำ
Waves	คลื่น

Weather
สภาพอากาศ

Atmosphere	บรรยากาศ
Breeze	บรีซ
Climate	สภาพอากาศ
Cloud	คลาวด์
Drought	แล้ง
Dry	แห้ง
Fog	หมอก
Hurricane	พายุเฮอริเคน
Ice	น้ำแข็ง
Lightning	ฟ้าผ่า
Monsoon	มรสุม
Polar	โพลาร์
Rainbow	สายรุ้ง
Sky	ท้องฟ้า
Storm	พายุ
Temperature	อุณหภูมิ
Thunder	ฟ้าร้อง
Tornado	พายุทอร์นาโด
Tropical	เขตร้อน
Wind	ลม

Congratulations

You made it!

We hope you enjoyed this book as much as we enjoyed making it. We do our best to make high quality games.
These puzzles are designed in a clever way for you to learn actively while having fun!

Did you love them?

A Simple Request

Our books exist thanks your reviews. Could you help us by leaving one now?

Here is a short link which will take you to your order review page:

BestBooksActivity.com/Review50

MONSTER CHALLENGE!

Challenge #1

Ready for Your Bonus Game? We use them all the time but they are not so easy to find. Here are **Synonyms**!

Note 5 words you discovered in each of the Puzzles noted below (#21, #36, #76) and try to find 2 synonyms for each word.

*Note 5 Words from **Puzzle 21***

Words	Synonym 1	Synonym 2

*Note 5 Words from **Puzzle 36***

Words	Synonym 1	Synonym 2

*Note 5 Words from **Puzzle 76***

Words	Synonym 1	Synonym 2

Challenge #2

Now that you are warmed-up, note 5 words you discovered in each Puzzle noted below (#9, #17, #25) and try to find 2 antonyms for each word.
How many lines can you do in 20 minutes?

*Note 5 Words from **Puzzle 9***

Words	Antonym 1	Antonym 2

*Note 5 Words from **Puzzle 17***

Words	Antonym 1	Antonym 2

*Note 5 Words from **Puzzle 25***

Words	Antonym 1	Antonym 2

Challenge #3

Wonderful, this monster  challenge is nothing to you!

Ready for the last one? Choose your 10 favorite words discovered in any of the Puzzles and note them below.

1.	6.
2.	7.
3.	8.
4.	9.
5.	10.

Now, using these words and within a maximum of six sentences, your challenge is to compose a text about a person, animal or place that you love!

Tip: You can use the last blank page of this book as a draft!

Your Writing:

NOTEBOOK:

SEE YOU SOON!

Linguas Classics Team

www.ingramcontent.com/pod-product-compliance
Lightning Source LLC
LaVergne TN
LVHW060041210926
848481LV00013B/3921